La gestión de la empresa

Esteve Planas Flores

LA GESTIÓN
DE LA EMPRESA

dve
PUBLISHING

© Editorial De Vecchi, S. A. 2018
© [2018] Confidential Concepts International Ltd., Ireland
Subsidiary company of Confidential Concepts Inc, USA
ISBN: 978-1-64461-144-9

Índice

Concepto y clases de empresas

Este capítulo inicial está dedicado a definir lo que es una empresa desde un punto de vista económico y como si de un sistema se tratase. A continuación, se presentará una clasificación de las mismas sobre la base de diferentes criterios.

Concepto de empresa

Desde un punto de vista económico, podemos definir la empresa como un sistema en el que se coordinan factores de producción, financiación y comercio (márketing o mercadotecnia) para obtener sus fines.

De la definición anterior se desprende que las principales características que tienen las empresas son las siguientes:

a) La empresa es un conjunto de factores de producción —entendiendo como tales los elementos necesarios para producir (materias primas, trabajo, maquinaria, etc.)—, de factores mercadotécnicos (para vender los productos) y de factores financieros —ya que es necesario realizar inversiones que, lógicamente, han de ser financiadas—. Es decir, se deben combinar todos los factores de que disponga la empresa con el fin de que pueda cumplir los objetivos establecidos por su dirección cuando desarrolla la función de planificación.

b) Toda empresa tiene objetivos que constituyen la propia razón de su existencia. Si bien todas las empresas tienen sus propios objetivos, podemos afirmar que todas tienen como objetivo central la maximización de su valor.

c) Los distintos factores que integran la empresa se encuentran coordinados para alcanzar sus fines. Esta coordinación la realiza la dirección o administración de la empresa. La dirección planifica la consecución de los objetivos, organiza los factores, se encarga de que las decisiones se ejecuten, controla las posibles desviaciones entre los resultados obtenidos y los presupuestados y toma las medidas correctoras oportunas. Es decir, la dirección de la empresa debe desarrollar las funciones de planificación, organización, gestión y control que vamos a ir explicando a lo largo del libro.

La empresa como sistema

De lo dicho anteriormente, queda claro que la empresa es un sistema abierto; un sistema que recibe de su entorno una serie de entradas, conocidas técnicamente como *inputs* (materiales, fondos financieros, etc.), y que envía a su exterior otra serie de salidas, conocidas técnicamente como *outputs* (productos, etc.).

Si las salidas generadas por la empresa se apartan de ciertos límites, comienza un proceso de retroalimentación o *feedback*, por el

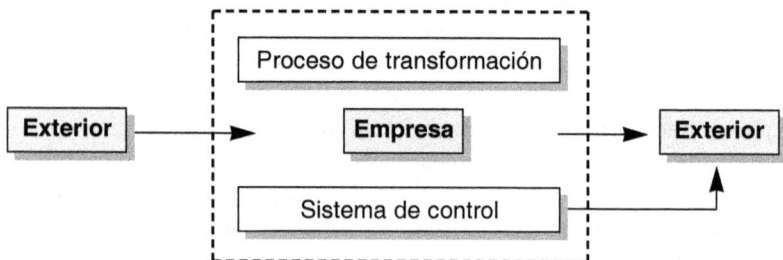

cual se modifican las entradas hasta que las salidas se ajusten a los límites deseados. Es decir, si los productos obtenidos no cumplen los niveles de calidad exigidos, se analiza si se debe a los inputs o al proceso de producción para tomar las medidas correctoras oportunas. Por lo tanto, vemos que el propio sistema se adapta y se autocontrola para conseguir sus objetivos.

Dentro de la empresa es posible distinguir diferentes subsistemas. Los principales son:

a) *Subsistema de dirección y gestión.* Su misión principal es conseguir los objetivos de la empresa mediante la aplicación de los factores disponibles, desarrollando las funciones de planificación, organización, gestión y control.

b) *Subsistema de financiación e inversión.* Su misión principal es la obtención de recursos financieros en las mejores condiciones posibles, así como la aplicación óptima de los mismos.

c) *Subsistema de aprovisionamiento y de producción.* Su misión principal es la compra de los elementos de producción, así como la transformación de los mismos en productos terminados destinados al mercado.

d) *Subsistema de distribución y comercialización.* No sólo se encarga de vender los productos sino que también los diseña, teniendo en cuenta las exigencias de los consumidores.

Subsistemas empresariales
Dirección y gestión
Financiación e inversión
Aprovisionamiento y producción
Distribución y comercialización

Clases de empresas

Las empresas se pueden clasificar de múltiples formas, dependiendo del criterio escogido para su clasificación. Los principales son los siguientes.

Según su tamaño, distinguimos entre:

— empresas pequeñas;
— empresas medianas;
— empresas grandes.

Como cifras representativas para dicha clasificación, tendríamos la cifra de ventas, el valor del activo y el número de trabajadores.

Según su actividad, distinguimos entre:

— empresas del sector primario; dentro de este encontraríamos empresas agrarias, pesqueras, etc.;
— empresas del sector secundario o industrial, tales como empresas metalúrgicas, mineras, etc.;
— empresas de servicios, tales como empresas dedicadas al transporte, a la hostelería, a la asesoría, etc.

Según el ámbito territorial de su actividad, distinguimos entre:

— empresas locales;
— empresas provinciales;
— empresas regionales;
— empresas nacionales;
— empresas multinacionales.

Según quien tenga la propiedad, distinguimos entre:

— empresas públicas, en las que el capital es propiedad del Estado o de cualquier organismo público;
— empresas privadas, en las que el capital siempre es propiedad de particulares;

— empresas mixtas, en las que el capital pertenece en parte a entidades públicas y en parte a particulares.

Según su forma jurídica, distinguimos básicamente entre la empresa regida por un empresario individual, que es una persona física, y la empresa social, que es una persona jurídica o sociedad.

El empresario individual se trata de una persona física que realiza una actividad industrial, comercial o profesional. Esta gestiona y controla totalmente el negocio y responde ilimitadamente de las deudas contraídas frente a terceros con todos sus bienes.

Dentro del concepto *empresario social*, distinguimos entre *sociedades civiles* (reguladas por el Código Civil) y *sociedades mercantiles*.

A su vez, las sociedades mercantiles pueden ser: personalistas (la responsabilidad de los socios frente a terceros es ilimitada; es el caso de las sociedades colectivas y las comanditarias simples o por acciones) y las capitalistas (en las que los accionistas o socios no responden personalmente de las deudas de la sociedad; son las sociedades anónimas, las anónimas laborales, las limitadas y las cooperativas).

Las sociedades anónimas y las limitadas son las más frecuentes en nuestro país, debido a la limitación de la responsabilidad que llevan aparejadas.

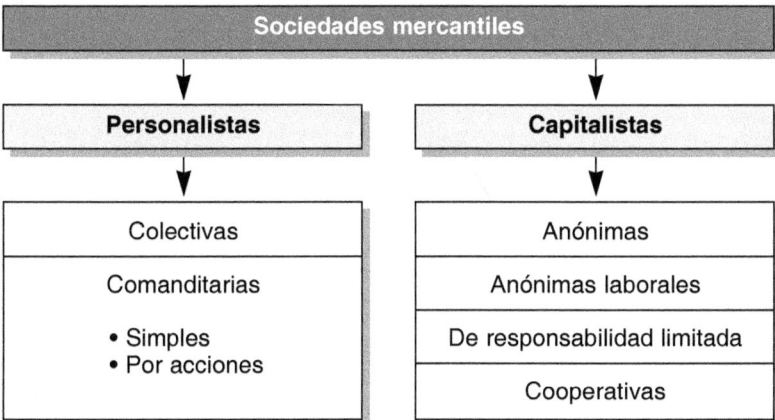

Sociedades mercantiles	
Personalistas	**Capitalistas**
Colectivas	Anónimas
Comanditarias	Anónimas laborales
• Simples • Por acciones	De responsabilidad limitada
	Cooperativas

La empresa y su entorno

C omo es lógico, las empresas no pueden actuar con total independencia, como si estuvieran solas en el mercado, ya que existe
una serie de elementos externos a ella que limitan y condicionan su
actuación. Por ejemplo, la actuación de las empresas está supeditada
a cumplir con las leyes dictadas por los organismos públicos, etc. Asi-
mismo, las empresas están condicionadas por la estructura económica en que se encuentran inmersas: es evidente que no es lo mismo
establecerse en un país desarrollado, con unas determinadas líneas
de comunicación, con unas determinadas posibilidades de financiación, de tecnología, etc., que establecerse en un país subdesarrollado.

Todos estos elementos son los que definimos como entorno, el
cual vamos a desarrollar en este capítulo. Con el fin de facilitar su
estudio, vamos a diferenciar el entorno en:

— entorno genérico;
— entorno específico.

Entorno genérico

Nos referimos a todos aquellos elementos que afectan a todas las
empresas situadas en un mismo espacio y existentes en un mismo
tiempo. Es decir, se trata de una serie de factores que afectan a todas las empresas de una determinada zona con independencia del

sector al que pertenezcan. Como principales factores de este entorno genérico podemos citar:

a) *Factores legales.* Lógicamente, todas las empresas están sometidas a las disposiciones legales dictadas por los organismos públicos, por lo que la empresa actuará respetando la legislación fiscal, laboral, mercantil, civil, etc.

b) *Factores demográficos.* Dependiendo de si la empresa está instalada en una población con una media de edad joven o en una población con una media de edad más avanzada, la empresa actuará de una forma u otra. Por ejemplo, si estamos en una zona donde la población se está expansionando podemos prever incrementos de la demanda de nuestros productos y, consecuentemente, incrementos de nuestra producción, o podemos plantearnos la introducción de nuevos productos, etc.

c) *Factores tecnológicos.* Dependiendo del nivel de desarrollo de la zona donde esté instalada la empresa, podrá acceder a un nivel de tecnología o a otro que influirá en su sistema de producción, de distribución, etc.

d) *Factores políticos.* Lógicamente, las empresas se ven influenciadas por la situación política de la zona donde se encuentran. Es evidente que no pueden actuar igual en un sistema de libre mercado que en un sistema de economía centralizada.

En el sistema de libre mercado, característico de la mayoría de los países de occidente, todas las empresas pueden tomar sus propias decisiones, así como fijar sus objetivos. En este caso nos encontramos en que concurren muchas empresas en el mercado, lo que implica que, si bien existe mucha libertad para actuar, esta actuación estará fuertemente influenciada por las actuaciones de la competencia, ya que para sobrevivir en el mercado debemos conseguir que los consumidores prefieran nuestros productos a los de la competencia.

En el sistema de economía centralizada, las empresas están sometidas a la autoridad del Estado, el cual interviene en sus decisiones y fija sus objetivos. Lógicamente, en este caso las empresas tienen casi totalmente limitada su forma de actuar.

e) *Factores socioculturales.* La empresa se verá influenciada por las tradiciones y por la cultura de la zona donde esté instalada. Es evidente, que, por ejemplo, no podemos vender los mismos productos en países islámicos que en países europeos.

También tendrá influencia en la empresa el hecho de estar instalada en una zona con altos índices de conflictividad social, con un papel importante de los sindicatos y de grupos de presión, como organizaciones de consumidores, asociaciones de ciudadanos, etc.

f) *Factores económicos.* Nos referimos al grado de desarrollo económico de la región donde está establecida la empresa. Es evidente que hay zonas con un mayor grado de industrialización, en donde las empresas pueden acceder con facilidad a personal cualificado, a mejores tecnologías, etc., lo cual influye en la manera de actuar de la empresa.

A su vez, la empresa se verá influenciada por la fase del ciclo económico en que se encuentre la economía de la zona donde está instalada.

Entorno específico

Nos referimos a todos aquellos elementos que afectan a una empresa de forma individualizada o a las empresas de un sector determinado. Podemos citar como elementos del entorno específico:

a) *La competencia.* Existen sectores de la economía en donde las empresas se ven sometidas a una fuerte competencia, tanto en el ámbito nacional como internacional.

Lógicamente, las empresas de estos sectores se verán muy influenciadas por las actuaciones de la competencia; por ejemplo, si la competencia introduce nuevos productos o bajan sus precios, las empresas del sector se verán obligadas a actuar.

b) *Los proveedores.* Hay empresas que dependen de proveedores que pueden ejercer un gran poder de negociación. En estos casos habrá problemas de precios, de calidades e incluso de suministros.

Entorno	
Genérico	**Específico**
Legal	Competencia
Demográfico	Proveedores
Tecnológico	Clientes
Político	Productos sustitutivos
Sociocultural	Leyes
Económico	

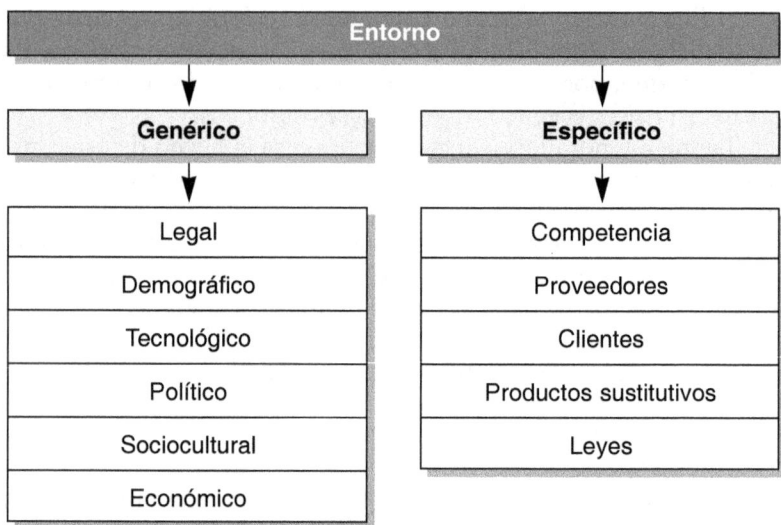

c) Los clientes. La fuerte competencia, ha permitido a los clientes exigir buen precio y mejor calidad.

d) La existencia de productos sustitutivos. Cuando existen productos que se pueden sustituir por otros, las empresas productoras de estos productos se encuentran limitadas ya que no pueden incrementar sus precios por encima del nivel que los consumidores están dispuestos a pagar porque, en caso contrario, se decantarán por los productos alternativos.

e) La legislación específica. Hay empresas, como por ejemplo las compañías aseguradoras, que desarrollan actividades con su propia legislación específica, la cual ha de ser cumplida por todas las empresas que desarrollen estas actividades.

Como hemos visto, existen muchos elementos ajenos a la empresa que condicionan su actuación, por lo que deberá tener una cierta flexibilidad para adaptarse a estos continuos cambios que se producen en el entorno.

La dimensión y la localización empresarial

En este capítulo vamos a desarrollar cómo la empresa debe considerar los aspectos de la dimensión y de la localización empresarial que, como vamos a ver, tienen una importancia máxima para el éxito o para el fracaso de la empresa, si bien se trata de dos operaciones muy complejas que se basan en la experiencia y en la intuición de quienes toman la decisión.

Concepto de dimensión empresarial

Como vamos a ver en este capítulo, cuando hablamos de la dimensión de la empresa no nos referimos sólo a su tamaño físico sino que también nos referimos a otras magnitudes como pueden ser: el número de trabajadores, la capacidad de producción, etc., que dan al concepto de dimensión empresarial un sentido económico. Es decir, la dimensión no se mide sólo por los metros cuadrados de las instalaciones, sino que hay muchos más factores de medición.

Por lo tanto, vemos que nos encontramos ante un concepto muy controvertido ya que no existe una definición de lo que se entiende por dimensión de la empresa, debido a que esta varía según la unidad que se utilice para medir dicho tamaño. Por lo tanto, podemos encontrarnos que una empresa sea considerada grande si el criterio de medición utilizado es, por ejemplo, el volumen de ventas y a la vez pequeña si el criterio de medición es, por ejemplo, el número de empleados. Por ejemplo, una empresa cuya actividad principal es el arrendamiento de edificios puede tener un volumen de facturación muy elevado y una estructura de personal bastante reducida.

El principal problema que nos encontramos con la dimensión empresarial es que, si bien es un aspecto muy importante para el éxito o fracaso de la empresa (si es excesiva, habrá costes de inactividad o si, por el contrario, es insuficiente, seremos poco competitivos, etc.), no existe un procedimiento que permita establecer *a priori* cuál es la dimensión que debe tener una empresa para que sea óptima.

Aspectos de la dimensión empresarial

En este apartado vamos a ver qué ventajas se pueden obtener por el hecho de tener una determinada dimensión empresarial, qué factores nos la pueden limitar y qué riesgo presenta la dimensión.

Lógicamente, la principal limitación a la dimensión de una empresa vendrá impuesta por el mercado. De nada le sirve a una empresa tener un tamaño que permita una capacidad de producción que posteriormente el mercado no podrá absorber. Por lo tanto, vemos que el punto de partida para decidir la dimensión de la empresa, en referencia a la capacidad de producción, ha de ser el propio mercado.

Si nos centramos en el aspecto tecnológico, una mayor dimensión empresarial puede conllevar ciertas ventajas, ya que, por ejemplo, permitirá una mayor división del trabajo, que dará lugar a una mejora en el rendimiento de los trabajadores como consecuencia de la especialización, a un ahorro de tiempo, ya que no habrá que pasar de un trabajo a otro, etc.

En el aspecto financiero, sabemos que las empresas de gran dimensión tienen muchas más posibilidades de financiación y en mejores condiciones que las empresas con una dimensión menor. Estas últimas, tienen, generalmente, como única fuente de recursos financieros, a medio y largo plazo, la financiación interna o autofinanciación. Este hecho provoca mayores posibilidades en las grandes empresas para realizar grandes inversiones, lo que le permite ahorrar costes, crecer, etc.

Desde el punto de vista comercial, también nos encontramos con una serie de ventajas de las grandes empresas:

— pueden realizar compras en grandes cantidades, con lo que obtendrán mejores precios, descuentos, incluso un mejor servicio (es evidente que un abastecedor no vende en las mismas condiciones a una empresa que, por ejemplo, le compra un millón de unidades que a otra que le compra sólo mil);
— tienen más posibilidades de promocionar, de dar publicidad a sus productos, consiguiendo su diferenciación, ya que disponen de un mayor volumen de recursos financieros para invertir en estas actividades;
— tienen unos costes de distribución menores;
— pueden ejercer un gran poder sobre el mercado, como se da en el sector informático, donde los consumidores tienen que estar renovando continuamente sus equipos debido a los constantes cambios que se van produciendo.

Resumiendo, vemos que las grandes empresas tienen un mayor poder de negociación con los distribuidores, proveedores e incluso con los clientes, lo que implica tener ventajas importantes respecto a las pequeñas y medianas empresas.

En el aspecto de los recursos humanos, las grandes empresas tienen un acceso más fácil a la contratación de personal más cualificado, ya que pueden pagar unas retribuciones superiores; a la vez, pueden invertir más capital en la formación del personal.

Desde el punto de vista del riesgo, nos encontramos que, si bien todas las empresas se exponen a él, las de grandes dimensiones lo corren en menor medida, ya que pueden diversificarlo realizando varios productos, etc.

Vemos, por lo tanto, que en general las grandes empresas tienen una serie de ventajas frente a las de reducida dimensión, lo cual provoca que las grandes empresas puedan conseguir unos costes

unitarios de sus productos más bajos, pudiendo, consecuentemente, ofrecer productos al mercado a precios más atractivos. Esta
situación se conoce con el nombre de *economías de escala*.

Como principal desventaja de las grandes empresas, podemos
decir que, en los casos de que la dimensión empresarial sea infrau-
tilizada, las pérdidas por inactividad son mayores que en las de dimensión reducida y con un margen de maniobra más reducido de
lo que parece. Lo que queremos decir es que las empresas de dimensión reducida son más flexibles, es decir, que tienen mayor capacidad para adaptarse, en un plazo corto de tiempo y con un bajo
coste, a todos los cambios que se van produciendo.

La localización empresarial

La localización de la empresa consiste en la elección del lugar para
su instalación o parte de ella.

Hay que ser consciente de que el hecho de localizar adecuadamente a una empresa es fundamental para el éxito de la misma, ya
que puede darnos ventajas competitivas muy importantes. Si, por
ejemplo, una empresa se ubica donde puede obtener materias primas más baratas o donde tenga clientes potenciales cerca, podrá
ofrecer unos precios muy competitivos ya que podrá ahorrarse muchos costes.

Por otra parte, dada la gran inversión de capital que supone la
instalación de una empresa, resultaría muy costoso tener que recti-
ficar y ubicar la empresa en otro lugar.

Estos dos factores hacen que la localización de la empresa sea
una cuestión muy importante y exige un análisis muy profundo antes
de tomar la decisión. Como puede verse, existe una gran diversidad
de variables locacionales que la afectan y que, evidentemente, no
pueden ser contempladas por ningún método científico. Esto nos
lleva a considerar que la localización de la empresa sea una operación
bastante compleja, ya que consiste en un procedimiento empírico. En
definitiva, se trata de decidir, basándose en las experiencias y en las
intuiciones del personal que decide.

Factores de la localización empresarial

Como hemos dicho, la localización de la empresa está influenciada por un gran número de variables, las cuales afectan en mayor o menor medida a las empresas en función del tipo de actividad que desarrollen, tal y como veremos a continuación. Las principales variables que influyen en la localización empresarial son:

a) Materias primas. En general, a una empresa le interesará ubicarse cerca de las fuentes de materias primas, ya que así logrará reducir costes, plazos de entrega, etc.

Lógicamente, el factor cercanía industria-materia prima es determinante cuando se trata de materias primas perecederas a corto plazo, o susceptibles de desperdiciarse con el transporte, o que se localizan en lugares determinados. Un ejemplo claro son las actividades extractivas.

En el resto de los casos, en que las materias primas se encuentran en abundancia suficiente o que son susceptibles de ser transportadas, la variable locacional–materia prima ya no tendrá una importancia básica y será una más para tener en cuenta.

b) Energía. Hay que intentar ubicar la empresa en zonas donde la obtención de energía no sea dificultosa. Es evidente que la ubicación de una industria cerca de las líneas eléctricas conlleva menos gasto.

c) Mano de obra. Si la actividad a desarrollar por la empresa exige una mano de obra con un alto nivel de cualificación profesional, es importante que la empresa se sitúe donde pueda encontrarla (generalmente en regiones más importantes), aunque tenga que invertir un mayor capital.

También se debe valorar el hecho de que hay zonas que son más conflictivas laboralmente que otras.

d) Mercados de venta del producto. En general, a la empresa le interesará estar situada cerca del mercado ya que provoca indudables ventajas como:

— contacto más directo con el comprador final, resultando más fácil poder conocer sus preferencias, gustos, etc.;

— mejor servicio, tanto en el hecho de hacer llegar la mercancía en el tiempo oportuno como en el servicio de *postventa* consistente en la reparación, mantenimiento, etc. del producto vendido, que hace más fácil conseguir que el cliente (actual o potencial) prefiera el producto de una determinada empresa frente al ofrecido por las empresas competidoras;

— reducción de costes de transporte.

e) Terreno. Según las posibilidades económicas de la empresa, este factor puede ser determinante. La empresa deberá tomar en consideración, en primer lugar, el precio del suelo, pero también debe valorar el hecho de que es más rentable ubicarse en zonas donde hay alta concentración industrial ya que se conjugan a favor factores de infraestructura viaria, energética, de comunicaciones, etc.

f) Clima. Determinados procesos productivos precisan de unas determinadas condiciones de humedad, de temperatura, etc., que, si no se dan de forma natural en el ambiente, habrá que conseguir por procedimientos artificiales que provocará mayores costes.

g) Existencia de servicios. Una empresa puede necesitar varios servicios que ayuden a su buen funcionamiento, como son servicios de abogados, economistas, gestores, etc. La empresa debe considerar el grado de importancia de estas necesidades.

h) Eliminación de residuos. Este factor es muy importante para las empresas que generan muchos residuos y sobre todo si son contaminantes. A estas empresas les interesará ubicarse en zonas donde haya vertederos industriales o haya una infraestructura que permita eliminar los residuos fácilmente. Así, la empresa se ahorrará problemas legales y sus consecuencias y tendrá una imagen ecológica correcta.

i) Ventajas fiscales. Hay determinadas áreas geográficas que gozan de ciertas ventajas fiscales y laborales que las empresas deberán tener presentes a la hora de decidir su lugar de situación.

A modo de conclusión, podemos decir que no existe un modelo o método científico de validez general que pueda ser aplicado en la práctica para determinar la localización óptima de la empresa, debido a que existen muchas variables locacionales, por lo que se tendrá que determinar empíricamente. Para esto, la empresa tendrá que ver cuáles son las variables locacionales más significativas (que serán diferentes según el tipo de empresa) y sobre su base valorar las ventajas e inconvenientes de cada posible ubicación, llegando a la mejor localización posible de la empresa.

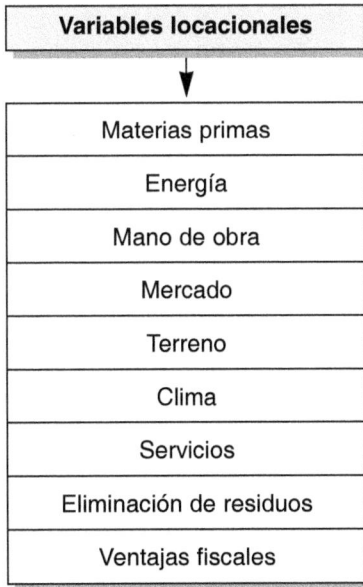

Variables locacionales
Materias primas
Energía
Mano de obra
Mercado
Terreno
Clima
Servicios
Eliminación de residuos
Ventajas fiscales

Las decisiones empresariales

En este capítulo vamos a desarrollar una de las tareas más importantes que deben realizar todas las personas encargadas de la dirección de la empresa: la toma de decisiones. Al igual que las personas, las empresas se encuentran con el hecho de que hay que tomar decisiones continuamente.

La toma de decisiones adecuadas es un hecho fundamental para el éxito de la empresa, por lo que es básico que los directivos dispongan de las dotes necesarias de intuición, experiencia, etc., que, junto a los análisis de ventas, financieros o de mercado que suelen realizarse periódicamente, les permitan saber qué es lo más adecuado para la empresa.

Lógicamente, las decisiones más importantes las toma la alta dirección. De ahí que se pueda afirmar que el factor directivo es esencial en cualquier empresa, ya que sus decisiones pueden llevarla al éxito o condenarla al fracaso.

Como vamos a ver en los siguientes apartados, si bien los directivos toman las decisiones basándose fundamentalmente en la experiencia y en la intuición debido a la falta de procedimientos científicos que engloben a todas las variables existentes en el entorno, las decisiones deben tomarse de forma racional y analizando profundamente toda la información disponible acerca de la decisión a tomar. Es por ello que analizaremos posteriormente las fases por las que debe pasar un proceso de decisión para que sea eficaz por completo.

Concepto de decisión

Podemos definir el concepto de decisión como la elección entre varias opciones posibles para resolver una situación o un problema en concreto. Esas opciones se denominan *estrategias*. Debe elegirse la estrategia más adecuada en función de los objetivos que se pretendan alcanzar. Es decir, en la toma de decisiones es fundamental tener la mayor información posible de cada una de las diversas opciones a escoger (por ejemplo tener información sobre el coste, accesibilidad, etc.) y, sobre todo, saber qué se pretende lograr con la misma.

Para ilustrar lo dicho anteriormente, veamos un ejemplo sencillo.

Una persona tiene que desplazarse de un punto de una ciudad a otro. Este desplazamiento puede hacerlo de tres maneras distintas: ir andando, coger un autobús o ir en taxi. Para decidir entre las tres opciones posibles, necesita tener una amplia información relativa a cada opción (coste, tiempo, etc.). Como hemos dicho, la elección de una opción u otra dependerá del objetivo que persiga. Si, por ejemplo, su objetivo es minimizar el coste, irá andando. Si lo que quiere es ir lo más rápido y cómodo posible, cogerá un taxi. Si, en cambio, no tiene tanta prisa pero desea ir con una comodidad razonable, irá en autobús.

Los directivos de una empresa deberán proceder del mismo modo.

Fases del proceso de decisión

Como hemos visto, la decisión no es un acto aislado sino que es el resultado de un proceso continuo, denominado *proceso de decisión* y que definimos como el proceso racional continuo mediante el cual, partiendo de ciertos datos y efectuando un análisis y una valoración sobre la conveniencia y sobre las consecuencias de las soluciones alternativas posibles respecto a un determinado objetivo, se llega a efectuar la elección final. Este proceso está formado por diversas fases.

Primera fase

En esta fase se percibe de la situación, se identifica y se define del problema, y se establecen de objetivos.

Es la más importante del proceso y en ella quien debe decidir se encuentra con un desfase entre una situación real y una situación deseada. Hemos de identificar el motivo de este desfase, cuál es el problema y, una vez definido, determinar los objetivos que se quieren alcanzar resolviendo el problema.

Por ejemplo, una empresa realiza un presupuesto de producción por meses. Ha presupuestado una producción para el mes de enero de 100.000 unidades y resulta que realmente se han producido 75.000 unidades. Una vez conocido este desfase, la empresa debe identificar su motivo, mediante el análisis de toda la información de que disponga. Lógicamente, el objetivo de la decisión a tomar será que no se vuelva a producir este desfase.

Segunda fase

A continuación, hay que analizar el problema con todos los datos e informaciones que se posean. Esta información puede proceder de la propia empresa o del exterior, intentando combinar la información cuantificada y precisa con la información basada en experiencias e intuiciones difícilmente cuantificables.

Siguiendo con el ejemplo anterior, una vez analizada la información disponible, llegamos a la conclusión de que el desfase producido se debe, básicamente, a dos factores: uno es un problema con una de las máquinas, que si bien todavía funciona, ha perdido velocidad, y el otro es un problema de bajo rendimiento de los empleados.

Tercera fase

Establece las opciones que se adoptan para alcanzar los objetivos y determinar los pros y los contras de cada una de ellas.

En el ejemplo anterior, hemos visto que existen dos factores (maquinaria y empleados) que han producido el desfase. Las opciones que se barajan para solucionar ambos problemas son las siguientes.

Para solucionar el problema de la máquina se puede:

a) Repararla. En principio puede ser más económico a corto plazo, pero no sabemos si lo será a largo plazo.

b) Comprar una nueva. Lógicamente, en este caso se podrían aprovechar las ventajas de una nueva tecnología, aunque representa un elevado coste para la empresa.

Para solucionar el problema de los empleados se puede:

a) Motivarlos, estableciendo un incentivo como una prima por unidad producida, pero que encarecerá el coste del producto.

b) Presionar más a los trabajadores con el riesgo de provocar tensiones o conflictos laborales.

Cuarta fase

La estrategia más adecuada será aquella que, de acuerdo con los recursos que se dispongan, permita alcanzar en mayor grado los objetivos fijados.

Siguiendo con el ejemplo, una vez evaluados los pros y los contras de cada una de las opciones, y teniendo en cuenta los recursos financieros de la empresa, se decide que las mejores opciones para solucionar el problema son reparar la máquina y motivar a los empleados.

Quinta fase

Lógicamente, por correcta que sea la solución elegida, no tendrá ningún efecto si no es implantada. Generalmente, en las empresas, quien toma una decisión no es el que la lleva a la práctica, por lo que es importante dar las oportunas instrucciones a la persona encargada de ejecutar la opción escogida con el fin de que sea aplicada de acuerdo con los deseos del que tomó la decisión.

Sexta fase

En esta última fase se procede al control de los resultados. Se trata de ver si se consiguen los objetivos deseados y, en consecuencia, tomar las acciones correctivas que fuesen oportunas en caso de que fuera necesario.

En el ejemplo, una vez implantadas las opciones escogidas, vemos que en los meses siguientes ya se cumplen e incluso se superan las expectativas creadas.

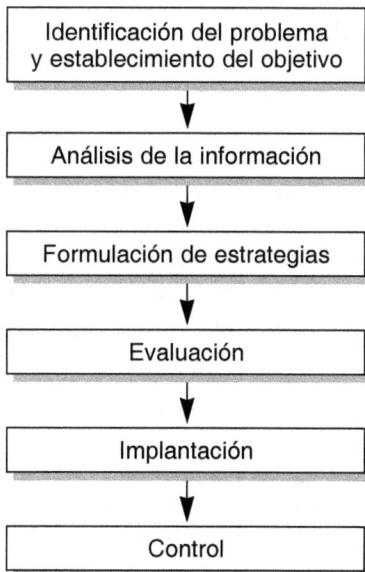

```
┌─────────────────────────────────┐
│   Identificación del problema    │
│  y establecimiento del objetivo  │
└─────────────────────────────────┘
                 │
                 ▼
┌─────────────────────────────────┐
│     Análisis de la información   │
└─────────────────────────────────┘
                 │
                 ▼
┌─────────────────────────────────┐
│    Formulación de estrategias    │
└─────────────────────────────────┘
                 │
                 ▼
┌─────────────────────────────────┐
│           Evaluación             │
└─────────────────────────────────┘
                 │
                 ▼
┌─────────────────────────────────┐
│          Implantación            │
└─────────────────────────────────┘
                 │
                 ▼
┌─────────────────────────────────┐
│            Control               │
└─────────────────────────────────┘
```

Situaciones de decisión

Como hemos visto, cuando un directivo ha de tomar una decisión, ha de formular distintas opciones o estrategias para, después de evaluarlas, elegir la más adecuada.

Esta evaluación es bastante compleja ya que está influida por las diversas situaciones que puede presentar el entorno en que actúa la empresa; nos referimos a los llamados *estados de la naturaleza*, formados por una serie de variables no controlables por quien debe decidir, tales como el tiempo, las respuestas de los consumidores, etc.

Por ejemplo, cuando un agricultor decide que va a cultivar, ha de tener en cuenta los estados de la naturaleza con que se puede encontrar (tiempo lluvioso, normal o seco) y la probabilidad de que se dé cada una. Basándose en esto, decidirá qué producto le conviene más o menos cultivar. Ello da lugar a tres situaciones de decisión.

Decisiones en condiciones de certeza

En este caso, sabemos con seguridad el estado de la naturaleza que se va a presentar; es decir, pueden existir varios estados pero sabemos con exactitud el que nos vamos a encontrar. En estos casos, el problema se reduce a evaluar económicamente las diferentes opciones y elegir la estrategia más adecuada. Por ejemplo, si una empresa conoce perfectamente cuál va a ser la demanda de un producto determinado, puede decidir perfectamente qué cantidad va a producir, que será la que le permita obtener el máximo beneficio.

Decisiones en situación de riesgo

En este caso, existen varios estados de la naturaleza y conocemos cuál es la probabilidad de aparición de cada uno de ellos. Elegiremos la estrategia con la que obtengamos mayores beneficios, aunque también valorando el riesgo.

Toma de decisiones en situación de incertidumbre

En este supuesto existen varios estados de la naturaleza posibles, pero no tenemos ninguna información sobre ellos.

Parece evidente que en este caso aún son más decisivas la intuición y la experiencia que tenga la persona que debe decidir para adivinar qué estado de la naturaleza nos vamos a encontrar, y a partir de aquí tomar la decisión más adecuada, teniendo en cuenta también el riesgo de cada una de las alternativas.

EJEMPLO

Un agricultor llega a la conclusión de que las mejores opciones de cultivo, en función del terreno y del clima, son trigo, patatas y cereales. Ha considerado tres estados de la naturaleza: tiempo lluvioso, normal y tiempo seco, y ha asignado a cada uno un 30 %, un 50 % y un 20 % de probabilidades, respectivamente.

En la siguiente tabla se recogen los beneficios estimados para cada tipo de producto.

Estados de la naturaleza		Lluvioso	Normal	Seco
Probabilidades		0,30	0,50	0,20
Estrategias (beneficio de cada opción)	Trigo	240	280	180
	Patatas	140	210	260
	Cereales	−150	450	375

Teniendo en cuenta todos estos datos ¿qué decisión tomará el agricultor?

Lo primero que hará es calcular qué alternativa es la que proporciona un rendimiento más alto.

Trigo = (240 × 0,3) + (280 × 0,5) + (180 × 0.2) = 248 u.m.

Patatas = (140 × 0,3) + (210 × 0,5) + (260 × 0,2) = 199 u.m.

Cereales = (–150 × 0,3) + (450 × 0,5) + (375 × 0,2) = 255 u.m.

La elección sería cultivar cereales, que es el producto que proporciona un rendimiento más alto. Sin embargo, el hecho de poder obtener un resultado negativo en el caso de los cereales con tiempo lluvioso, puede llevar al agricultor a decantarse por el cultivo de trigo que ofrece un rendimiento más bajo, pero con un menor riesgo. Esta elección dependerá del riesgo que quiera asumir cada uno.

Planificación y control en la empresa

L a dirección de la empresa debe combinar los recursos humanos y técnicos de los que dispone de la mejor forma posible, con el fin de conseguir los objetivos fijados. Para ello, la dirección tratará de coordinar todos los recursos de la empresa a través de los procesos de planificación, organización, gestión y control, para conseguir los objetivos establecidos tanto a corto como a largo plazo.

Este capítulo está dedicado a la función de planificación que debe desarrollar la dirección de la empresa, así como de la función de control.

Planificación

La planificación consiste básicamente en establecer los objetivos de la empresa y decidir sobre las estrategias y tareas necesarias para conseguir esos objetivos. Es decir, se trata de un proceso racional de toma de decisiones por anticipado, ya que decidimos qué hacer antes de actuar. Básicamente habrá que decidir con antelación una serie de cuestiones como:

a) ¿Cuáles son los objetivos que la empresa quiere alcanzar?
b) ¿Qué acciones, tareas, etc. deben llevarse a cabo para poder alcanzar los objetivos establecidos?

c) ¿Cuándo debe ejecutarse cada acción?

d) ¿Qué personas las realizarán? Es importante saber cuál debe ser el perfil de las personas a las que se les exigirá cierta responsabilidad.

e) ¿Con qué medios financieros, humanos, técnicos? Es decir, se debe analizar qué inversiones serán necesarias para poder desarrollar la actividad, así como la financiación de las mismas.

f) ¿Qué resultados se esperan obtener (presupuestos) y cómo se evaluarán los resultados (control)? Los presupuestos son necesarios para poder controlar, mediante su comparación con la realidad, si se están cumpliendo las expectativas y poder tomar medidas correctoras, en caso de que sean necesarias.

Tipos de planificación

Existen varias formas de clasificar la planificación, siendo la más usual la basada en su horizonte temporal.

Planificación o planes a corto plazo

Suelen tener un horizonte temporal inferior a un año. Se conoce también con el nombre de *planificación táctica* ya que se considera que los planes a corto plazo constituyen una táctica para alcanzar los objetivos fijados a largo plazo. Lógicamente, para que esto se cumpla, es fundamental que los planes a corto plazo estén integrados en los planes a largo plazo. Como ejemplos tenemos planes de ventas del año en curso, planes de producción, financieros, etc.

Planificación o planes a largo plazo

Si bien tienen un horizonte temporal variable según las empresas, suelen ser planes con un horizonte temporal entre dos y cinco años.

Este tipo de planificación se conoce también con el nombre de *planificación estratégica*, y básicamente deberá determinar la misión principal de la empresa, analizar los puntos fuertes y débiles de la misma, fijar los objetivos a largo plazo y desarrollar las estrategias para conseguir los objetivos marcados.

Elementos del proceso de planificación

Cuando la dirección de la empresa desarrolla la función de planificación, para que esta sea eficaz, debe establecer o fijar cuáles van a ser los objetivos, las políticas, los procedimientos, las reglas y los presupuestos que van a regir en la empresa, para que todos los integrantes de la empresa sepan qué se espera de ellos y cómo deben actuar. Por lo tanto, vemos que los planes deben incluir los siguientes elementos.

OBJETIVOS

Es básico para la dirección de la empresa tener unos objetivos bien definidos, ya que si no es muy difícil poder controlar adecuadamente si estamos consiguiendo o no los fines propuestos. Para que los objetivos sean eficaces, deben ser realistas, es decir, alcanzables, cuantificables, apoyados por la dirección, puestos por escrito y conocidos por todos los integrantes de la empresa.

POLÍTICAS

Son planes amplios originados en los niveles más altos de la organización, es decir, en la alta dirección. Consisten en una serie de declaraciones que guían y orientan el pensamiento y la acción en la toma de decisiones. Un ejemplo de política de empresa puede ser: ofrecer productos y servicios de gran calidad, aunque sea a un elevado precio.

PROCEDIMIENTOS

Constituyen una guía específica de actuación. Es decir, detallan la forma precisa bajo la cual deben cumplirse ciertas actividades. Por ejemplo, podemos establecer los procedimientos que deben realizar los empleados para devolver una mercancía, como los documentos que deben rellenar, a quién se lo debe comunicar, etc.

Como vemos, así como la política constituye una guía para pensar y decidir, el procedimiento es una guía para actuar, con el objetivo de que el trabajo se efectúe con eficacia.

REGLAS

Señalan lo que se puede y lo que no se puede hacer en situaciones concretas y constituyen un mecanismo de coordinación, ya que uniformizan los comportamientos de los integrantes de la empresa. Lógicamente, deben ser cumplidas por todos los empleados, pudiendo ser sancionados en caso de incumplimiento.

Como ejemplo tendríamos que prohibir la entrada a determinadas zonas sin las medidas de seguridad adecuadas como el casco, mono de trabajo, etc.

Planes
Objetivos
Políticas
Procedimientos
Reglas
Presupuestos

PRESUPUESTOS

El presupuesto es la expresión en términos monetarios de un plan, es decir, su cuantificación. Lógicamente, es imprescindible para decidir si se lleva a cabo un determinado plan o no y cómo controlarlo, así como para fijar los logros concretos que cada directivo debe alcanzar y los límites dentro de los que puede moverse.

Fases del proceso de planificación

Como hemos visto anteriormente, podemos definir el proceso de planificación como un proceso de toma de decisiones por anticipado. Este proceso ha de seguir un enfoque lógico y ha de cubrir las mismas etapas que en cualquier proceso de toma de decisiones, y que desarrollamos en el capítulo dedicado a las decisiones de la empresa, al cual nos remitimos.

Control

Como ya hemos comentado, una de las funciones de los directivos es la de controlar que se cumpla lo que se había planificado y cuantificado en los presupuestos. Este control consiste fundamentalmente en comparar los resultados reales con los presupuestados para ver si existen desviaciones. En caso de que las haya y sean negativas, se deben investigar las causas para poder tomar las medidas correctoras oportunas.

El proceso de control

El control comienza con la planificación, ya que lo primero que hay que controlar es que los planes de la empresa se comuniquen a todos sus integrantes para que sepan qué se espera de ellos, qué tareas han de realizar y cómo deben realizarlas.

Pese a que la mayor parte de las empresas se organizan en virtud de un esquema piramidal, la complejidad de su funcionamiento obliga a que el director general delegue en los jefes de los respectivos departamentos la planificación y control de sus actividades respectivas, revisando y aprobando las iniciativas que se adopten al respecto.

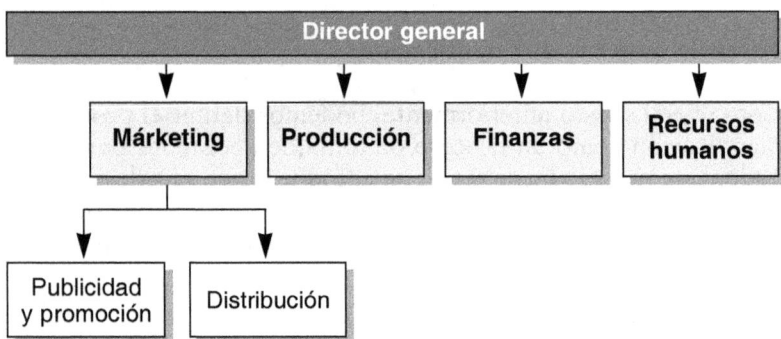

Para que la dirección pueda ejercer la función de control, debe realizar una serie de previsiones que le permita fijar los resultados esperados relativos a una actividad concreta y a un periodo concreto. Por ejemplo, puede prever que la empresa producirá 10.000 unidades a un coste de 30 pesetas por unidad.

Sin embargo, no todo es tan fácil. Hoy en día son pocas las empresas especializadas en la fabricación de un solo producto. Los cálculos totales de los costes deben prever el coste de cada una de las líneas de producto. Para ello, es determinante el papel del director de producción, quien supervisa todas las fases de fabricación.

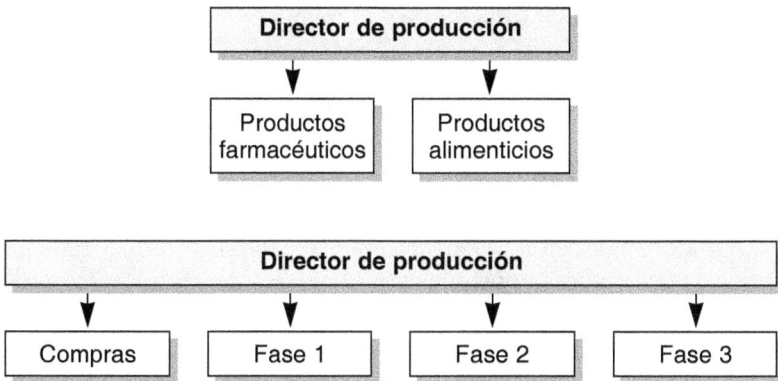

```
        ┌─────────────────────────────┐
        │   Director de producción    │
        └─────────────────────────────┘
              │              │
              ▼              ▼
      ┌──────────┐    ┌──────────┐
      │ Productos │    │ Productos │
      │farmacéuticos│  │alimenticios│
      └──────────┘    └──────────┘
```

```
┌─────────────────────────────────────────────────┐
│             Director de producción                │
└─────────────────────────────────────────────────┘
     │          │          │          │
     ▼          ▼          ▼          ▼
┌────────┐ ┌────────┐ ┌────────┐ ┌────────┐
│ Compras │ │ Fase 1 │ │ Fase 2 │ │ Fase 3 │
└────────┘ └────────┘ └────────┘ └────────┘
```

El papel de los directores de márketing y distribución es imprescindible, ya que sus conocimientos de las áreas de distribución y comercialización permitirán determinar el sector del mercado que mejor responderá al producto y en virtud de ello se podrá calcular el nivel y el coste de producción.

Posteriormente, la empresa medirá los resultados reales del periodo y los comparará con los previstos. Cuando los resultados reales sean positivos respecto a las previsiones, consideraremos que todo va bien, incluso mejor de lo esperado, por lo que no tomaremos ninguna medida especial. Si son negativos y superan los límites admisibles, es necesario averiguar las causas de estas diferencias para poder corregirlas. Estas diferencias pueden ser debidas a varios motivos: que los objetivos fijados sean inalcanzables, a errores en el diseño del plan, a fallos en la organización, a decisiones ejecutadas de forma distinta a la prevista, etc.

```
┌─────────────────────────────────┐
│     Director de márketing        │
└─────────────────────────────────┘
     │           │           │
     ▼           ▼           ▼
┌─────────┐ ┌─────────┐ ┌─────────┐
│ Director│ │ Director│ │ Director│
│ zona 1  │ │ zona 2  │ │ zona 3  │
└─────────┘ └─────────┘ └─────────┘
```

```
┌─────────────────────────────────────────────┐
│          Director de distribución            │
└─────────────────────────────────────────────┘
      │                  │                  │
      ▼                  ▼                  ▼
┌──────────────┐ ┌──────────────┐ ┌──────────────┐
│   Sección    │ │ Sección de   │ │   Sección    │
│ de perfumerías│ │   grandes    │ │ de farmacias │
│              │ │  almacenes   │ │              │
└──────────────┘ └──────────────┘ └──────────────┘
```

Una vez conocida la causa de las diferencias, tomaremos las medidas correctoras oportunas como pueden ser: modificación de objetivos, reasignación del personal y de responsabilidades, cambios en la maquinaria, etc.

A modo de conclusión, hay que aclarar que el control en la empresa es una función muy importante de los directivos, ya que es un medio de previsión y de corrección de problemas; sin embargo la dirección debe intentar que este control no tenga un coste excesivo y que no resulte represivo para los empleados.

Inversión y financiación de la empresa

Es evidente que para que la empresa pueda desarrollar su actividad, necesita adquirir una serie de bienes, tales como maquinaria, instalaciones, etc., es decir, necesita realizar inversiones. Del resultado de estas inversiones a lo largo del tiempo, la empresa obtiene un conjunto de bienes y derechos que determinan la estructura económica de la empresa.

Lógicamente, para poder realizar inversiones, la empresa necesita medios financieros que puede obtener de diversas fuentes de financiación. Estos medios financieros determinan la estructura financiera de la empresa.

Para analizar la estructura económico-financiera de una empresa, es preciso estudiar el balance de su situación. En este documento quedan detalladas todas las inversiones que la empresa ha ido realizando a lo largo de su existencia, así como las fuentes de financiación de esas inversiones. Como vamos a ver, el balance de situación de una empresa se divide en dos partes: el activo y el pasivo, teniendo ambas el mismo valor.

La estructura económica de la empresa

Como hemos dicho anteriormente, en el activo del balance se relacionan todas las inversiones que ha ido realizando la empresa a lo largo de su vida y que determinan la estructura económica de la empresa.

El activo de la empresa se divide en diversos tipos que se detallan a continuación.

Activo fijo

También denominado *inmovilizado*. Está formado por todos aquellos elementos que permanecen en la empresa durante un periodo prolongado de tiempo. A modo de ejemplo, podemos citar los terrenos, edificios, instalaciones, maquinaria, mobiliario, equipos informáticos, etc.

Activo circulante

Está constituido por todos los bienes y derechos que no permanecen en la empresa, sino que circulan por ella y son reemplazados por otros. Un ejemplo muy claro son las materias primas que se van reemplazando continuamente.

El activo circulante se encuentra formado por:

— las existencias almacenadas (materias primas, productos, etc.);
— el realizable, que está formado por todas las partidas a corto plazo que pueden transformarse en tesorería sin que se detenga la actividad de la empresa; como ejemplo pueden citarse los créditos sobre clientes, efectos a cobrar, inversiones financieras temporales, etc.;
— la tesorería, compuesta por el dinero en caja y por los saldos de las cuentas bancarias.

La estructura financiera de la empresa

Las fuentes de financiación de la empresa, de las que se han obtenido fondos para realizar las inversiones, están englobadas en el pasivo del balance y determinan la estructura financiera de la empresa.

Activo	
Fijo	**Circulante**
Terrenos	Existencias
Edificios	Realizable
Maquinaria	Tesorería
Mobiliario	

Pasivo	
Capitales permanentes	**Pasivo a corto plazo**

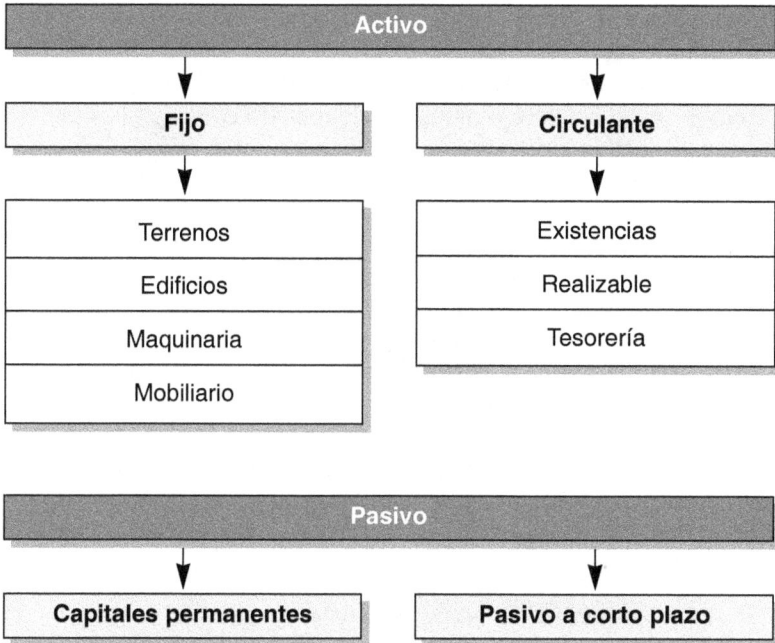

El pasivo está formado por:

— los capitales permanentes, que son aquellas fuentes de financiación que se encuentran a disposición de la empresa durante un periodo largo de tiempo; se trata de recursos financieros propios (capital y reservas) y de créditos a medio y largo plazo;
— pasivo a corto plazo, que está formado por las deudas que vencen en un periodo breve de tiempo.

El equilibrio económico financiero

En general, debe haber una correspondencia entre la liquidez del activo y la exigibilidad del pasivo; en caso contrario, la empresa puede encontrarse con la necesidad de tener que suspender sus pagos durante un determinado plazo.

Con el fin de conseguir este equilibrio económico-financiero, diremos que el activo fijo ha de ser financiado con capitales permanentes y el activo circulante con el pasivo a corto plazo.

Pero, además, para evitar el riesgo de un posible desfase entre el ritmo de cobros del activo circulante y el ritmo de pagos del pasivo a corto plazo, debido por ejemplo a aplazamientos solicitados por los clientes, a impagados, etc., que pueden llevar a la insolvencia de la empresa, es necesario que una parte del activo circulante sea financiado con capitales permanentes.

Es decir, el pasivo a corto plazo ha de ser menor que el activo circulante. A la diferencia entre ambos, o lo que es lo mismo, entre los capitales permanentes y el activo fijo, se le denomina *fondo de rotación* o *fondo de maniobra*. Puede obtenerse de dos maneras diferentes.

Fondo de maniobra = activo circulante – pasivo a corto plazo

Fondo de maniobra = capitales permanentes – activo fijo

Parece lógico, que, en general, cuanto mayor sea el fondo de maniobra menor es el riesgo de que la empresa tenga problemas de insolvencia.

Inversión en la empresa

Como hemos visto, la empresa necesita adquirir una serie de bienes como maquinaria, mobiliario, etc. Para poder desarrollar su actividad debe realizar inversiones. Por lo tanto, la dirección de la empresa debe decidir qué inversiones se van a realizar, las cuales van a ser determinantes para el futuro de la empresa, pudiendo incluso

Balance		
Activo		**Pasivo**
Activo fijo	Fondo de maniobra	Capitales permanentes
Activo circulante		Pasivo a corto plazo

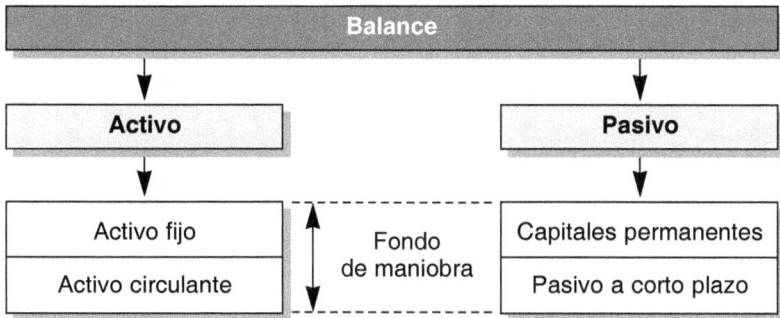

afirmar que, para que un proyecto empresarial sea viable, es imprescindible que las inversiones sean seleccionadas adecuadamente. En la selección de inversiones, como veremos más adelante, se debe tener en cuenta el distinto valor que tienen los capitales en los diferentes momentos del tiempo, así como la inflación.

Lógicamente, cuando una empresa invierte, adquiere una serie de bienes a costa de sacrificar recursos financieros que podrían dar una rentabilidad inmediata, con la esperanza de poder obtener en el futuro unos beneficios mayores.

Existen varias clasificaciones de inversiones, siendo las más usuales las siguientes:

a) Distinción entre las inversiones de activo fijo y las de activo circulante. Las primeras, requieren, generalmente, un estudio profundo de selección, debido a su elevado coste y a las grandes consecuencias de una mala selección.

b) Distinción entre las inversiones financieras, materializadas en activos financieros (obligaciones, acciones, etc.) y las inversiones productivas, materializadas en activos que sirven para producir (maquinaria, instalaciones, etc.). Dentro de las inversiones productivas encontramos:

— inversiones de mantenimiento, consistentes en sustituir bienes de equipo desgastados por otros nuevos;

— inversiones para reducir costes, consistentes en sustituir bienes de equipo que todavía funcionan, pero que están obsoletos, por otros que consumen menos, que trabajan a mayor velocidad, etcétera;
— inversiones de expansión (inversiones que realiza la empresa para aumentar su capacidad productiva o para desarrollar nuevos productos).

Variables de las inversiones

La dirección de la empresa debe valorar los proyectos de inversión desde el punto de vista económico, teniendo en cuenta el hecho de que los capitales tienen distinto valor según el momento en el que se generan. Es decir, una cantidad de dinero vale más ahora que la misma cantidad de dinero dentro de un año.

Para poder valorar económicamente la dirección de la empresa, un proyecto de inversión debe tener en cuenta las siguientes variables:

— el desembolso inicial (D) que requiere la inversión;
— los flujos de caja (Q) que ocasiona la inversión, considerados como la diferencia entre los cobros generados por la inversión en un momento determinado y los pagos que la inversión requiere en ese momento;
— el momento (T) en que se espera que se generen los flujos de caja; este hecho es importante porque no es lo mismo, por ejemplo, 1.000 pesetas generadas en el primer año que en el tercero.

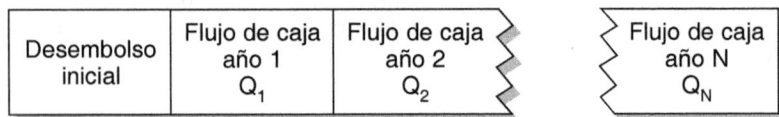

Desembolso inicial	Flujo de caja año 1 Q_1	Flujo de caja año 2 Q_2	Flujo de caja año N Q_N

Tiempo

El riesgo de la inversión

Si, por ejemplo, una persona debe a otra 200.000 pesetas a pagar al cabo de un año y le solicita un aplazamiento de otro año, será necesario que el prestamista obtenga una mayor rentabilidad ya que el riesgo de la inversión es mayor.

Por esta razón, cuanto mayor sea el nivel de riesgo en una inversión, mayor tendrá que ser la rentabilidad que se obtenga con la misma.

La inflación

Si seguimos con el ejemplo anterior, las 200.000 pesetas prestadas tendrán más capacidad adquisitiva dentro de un año que dentro de dos, por lo que, para mantener la misma capacidad adquisitiva, el prestamista se verá obligado a cobrar un mayor importe a su cliente para que su negocio no deje de ser rentable.

De esta manera, queda claro que cuando la empresa calcula la rentabilidad que debe exigir a una inversión, debe tener en cuenta la inflación.

EJEMPLO

Una empresa exige una rentabilidad de una inversión de un 9 % anual (i) si no hubiera inflación. Sin embargo, se espera una tasa de inflación anual (f) del 4 %. ¿Cuál debe ser la rentabilidad requerida (r) de esta inversión para que la empresa la lleve a cabo?

$$r = i + f + (i \times f)$$

Por ello: $r = 0,09 + 0,04 + (0,09 \times 0,04) = 13,36 \%$

La rentabilidad mínima que debe tener esta inversión para que la empresa la lleve a cabo ha de ser del 13,36 %.

El coste de la financiación

Evidentemente, ha de ser superior la rentabilidad de la inversión que el coste de la financiación. De nada sirve obtener una financiación al 8 % de interés para invertir luego al 5 %.

Resumiendo, vemos que la empresa cuando se plantea un proyecto de inversión debe conocer la rentabilidad esperada de la inversión. Por otro lado, teniendo en cuenta las variables comentadas (riesgo, inflación, coste de financiación, etc.), debe calcular cuál es la rentabilidad que exigimos a esa inversión (rentabilidad requerida). Parece lógico que si la rentabilidad esperada no es superior a la requerida, no se debería llevar a cabo la inversión.

Rentabilidad requerida ≥ rentabilidad esperada

Métodos de selección de inversiones

En la selección de inversiones, se debe tener en cuenta el distinto valor que tienen los capitales en los diferentes momentos del tiempo, tal y como hemos comentado anteriormente. Sin embargo, en la práctica, se aplican algunos métodos de selección de inversiones, denominados *métodos estáticos*, que no tienen en cuenta este hecho; por contra, existen otros métodos de selección de inversiones, conocidos como *métodos dinámicos*, que sí tienen en cuenta este hecho, pero que son más complejos.

MÉTODOS ESTÁTICOS

Son muy utilizados por su sencillez, ya que no tienen en cuenta los distintos valores de los capitales en los diferentes momentos del tiempo, por lo que presentan muchos inconvenientes.

El método estático más utilizado es el método del plazo de recuperación. Consiste en elegir las inversiones cuyo plazo de recuperación es menor, es decir, elige las inversiones más líquidas. Presenta algunos inconvenientes como, por ejemplo, que no tiene en cuenta los flujos de caja posteriores al plazo de recuperación, que suma cantidades referidas a diferentes momentos del tiempo como si fueran homogéneas, etc.

MÉTODOS DINÁMICOS

Son aquellos que, a diferencia de los estáticos, incorporan el *factor tiempo*, y contemplan el hecho de que los capitales tienen distinto valor en función del momento en el que se generan.

Como principales métodos dinámicos de selección de inversiones, tenemos el valor actual neto (VAN) y la tasa interna de rentabilidad (TIR).

Valor actual neto

Cuando una empresa realiza una inversión, requiere de la misma que le produzca una determinada rentabilidad *(r)*. El valor actual neto se basa en la homogeneización de todos los flujos de caja (Q) que genere la inversión, así como el desembolso inicial (D), para poder comparar si los flujos de caja actualizados son mayores que el desembolso inicial, siendo en este caso, realizable la inversión.

Es decir, se trata de referenciar tanto los flujos de caja que genera la inversión como el desembolso inicial a un mismo momento de tiempo, para poder compararlos y ver si es conveniente realizar la inversión o no.

$$VAN = -D + \frac{Q_1}{(1+r)} + \frac{Q_2}{(1+r)^2} + \ldots + \frac{Q_N}{(1+r)^N}$$

Si el VAN es mayor que 0, la empresa podrá realizar entonces la inversión.

EJEMPLO

Una empresa estudia una inversión que requiere un desembolso inicial de 8.000 u.m. y que genera los siguientes flujos de caja:

Año 1: 4.000 u.m.
Año 2: 6.000 u.m.
Año 3: 5.000 u.m.

La rentabilidad requerida sería del 9 %; sin embargo, la inflación es del 3 %.
Para calcular el VAN de esta inversión y ver si es recomendable efectuarla, en primer lugar, habrá que calcular la rentabilidad requerida por la empresa teniendo en cuenta la inflación:

$r = 0{,}09 + 0{,}03 + (0{,}09 \times 0{,}03) = 0{,}1227$

Calculamos el VAN:

$VAN = -8.000 + [4.000 \div (1 + 0{,}1227)] + [6.000 \div (1 + 0{,}1227)^2] + [5.000 \div (1 + 0{,}1227)^3] = 3.556$ u.m.

Dado que es positivo, la empresa puede efectuar la inversión.

TASA INTERNA DE RENTABILIDAD

Se denomina tasa interna de rentabilidad (TIR) o tasa de retorno, a la rentabilidad *(p)* que hace que el valor actual neto (VAN) de la inversión sea 0. Es decir, es el valor de *p* tal que:

$$-D + \frac{Q_1}{(1 + p)} + \frac{Q_2}{(1 + r)^2} + ... + \frac{Q_N}{(1 + r)^N}$$

Con este método, una inversión podrá efectuarse cuando su rentabilidad *(p)* sea superior a la rentabilidad requerida de la misma *(r)*.

EJEMPLO

Una inversión requiere un desembolso inicial de 100 u.m. con una duración de dos años y unos flujos de caja de 80 u.m. el primer año y de 60 u.m. el segundo. Calcular la tasa interna de rentabilidad.

$$-100 + [80 \div (1 + p)] + [60 \div (1 + p)^2] = 0$$

$$p = 0{,}2718 = 27{,}118 \%$$

En este caso, la inversión puede efectuarse si la rentabilidad requerida por la empresa es inferior al 27,18 %.

Las fuentes de financiación de la empresa

Como hemos visto, la empresa necesita obtener medios financieros que le permita realizar inversiones para poder desarrollar su actividad y poder conseguir sus objetivos.

Creemos conveniente establecer una clasificación de las fuentes financieras de la empresa, pudiendo clasificarse de la siguiente forma:

a) Según su titularidad. Distinguiremos entre:

— recursos financieros propios, formados por las aportaciones de los socios y por las retenciones de los beneficios (autofinanciación), cuya característica principal es la no-exigibilidad;
— recursos financieros ajenos, cuya devolución le será exigida a la empresa durante un determinado periodo de tiempo; se trata de préstamos, empréstitos, etc.

b) *Según su duración*. Distinguimos entre pasivo a corto plazo y capitales permanentes, ya vistos anteriormente.

c) *Según su procedencia*. Distinguimos entre recursos financieros externos, conseguidos en el exterior de la empresa a través de la captación del ahorro de inversores (aportaciones de socios, emisiones de obligaciones y otras formas de endeudamiento) y recursos financieros internos que son los generados dentro de la empresa mediante su propio ahorro; se trata de beneficios no distribuidos (reservas) conocidos con el nombre de *autofinanciación*.

La financiación interna o autofinanciación

La autofinanciación de una empresa está formada por los beneficios que ha ido obteniendo y que no se han repartido, sino que se han ido reteniendo para el crecimiento o el mantenimiento de la capacidad económica de la empresa. Para la pequeña y mediana empresa, la autofinanciación es la única fuente de recursos financieros a medio y largo plazo. Podemos distinguir dos tipos.

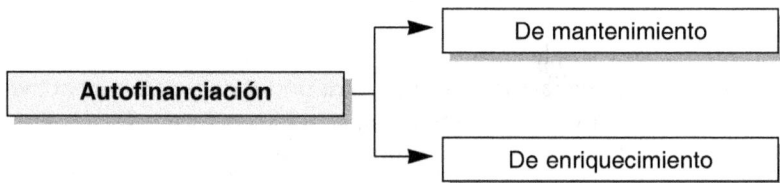

LA AUTOFINANCIACIÓN DE MANTENIMIENTO

Consiste en retener una parte del beneficio para dotar un fondo que nos permita reponer una serie de bienes como la maquinaria, el mobiliario, etc., cuando se hayan desvalorado totalmente y sea preciso sustituirlos por otros. Este hecho queda reflejado registrablemente en el balance a través de las amortizaciones acumuladas del inmovilizado.

LA AUTOFINANCIACIÓN DE ENRIQUECIMIENTO

Está formada por los beneficios que no se reparten a los socios, sino que se retienen en la empresa para la realización de nuevas inversiones y, en definitiva, para que la empresa crezca.

La ventaja de la autofinanciación es que permite a la empresa disfrutar de una mayor autonomía financiera e implica una mayor independencia en la gestión empresarial.

Sin embargo, como inconvenientes tenemos que las empresas que sólo realizan inversiones mediante la autofinanciación pueden desaprovechar oportunidades de inversión muy atractivas si, en el momento que se presentan estas inversiones, no se disponen de los recursos suficientes. Además, la autofinanciación implica privar al socio inversor de obtener rentas de su inversión de forma relativamente corta.

Vemos, por lo tanto, que la empresa se encuentra con la disyuntiva de repartir dividendos, o no repartirlos y autofinanciarse.

La financiación externa a corto plazo

Existen diversas fuentes financieras externas a corto plazo, por lo que la empresa debe analizar cada una de ellas y ver cuál le resulta más económica.

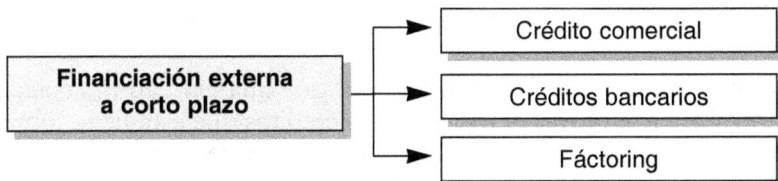

EL CRÉDITO COMERCIAL

Es el proveniente del aplazamiento de los pagos de las adquisiciones de materias primas y mercaderías, de las prestaciones de servicios recibidas, etc. Por lo tanto, esta forma de financiación la obtiene la empresa cuando adquiere un bien o se le presta un servicio y no paga al contado.

En ocasiones, los proveedores ofrecen descuentos por pronto pago si se les paga al contado, por ejemplo de un 5 %. En estos casos, la empresa debe valorar si es conveniente aceptar este descuento o aprovechar el crédito comercial. Dependerá de si la empresa dispone del dinero es ese momento o de si puede invertir el dinero por ejemplo al 6 %.

LOS CRÉDITOS BANCARIOS A CORTO PLAZO

En muchas ocasiones, la financiación de los proveedores no es suficiente y la empresa ha de acudir a entidades financieras y solicitar un préstamo a corto plazo que le permita poder afrontar los pagos más inmediatos.

Apertura de una póliza de crédito

Consiste en una cuenta corriente de la que la empresa puede disponer cuando lo desee, hasta el límite contratado. En este caso, la empresa sólo pagará intereses por las cantidades dispuestas.

Descuento de letras o de efectos

Consiste en un procedimiento por el que una entidad financiera anticipa a la empresa el abono de los créditos que esta tiene sobre sus clientes, documentados mediante letras de cambio. Lógicamente, el riesgo de impago lo sigue teniendo la empresa.

Por ejemplo, una empresa vende productos terminados a un cliente por importe de 100.000 pesetas que el cliente deberá pagar dentro de tres meses. Si el cliente entrega una letra de cambio a la empresa, esta puede llevarla al descuento y obtener inmediatamente dicho importe. Si posteriormente el cliente no atiende la letra, el banco cargará a la empresa la nómina de la letra impagada más los gastos de devolución.

EL FÁCTORING

Consiste en un contrato por el que una empresa encomienda el cobro de sus facturas y efectos que tiene sobre sus clientes a otra empresa.

Las ventajas de este procedimiento es que se obtiene liquidez inmediata, que permite ahorrar costes administrativos y que la empresa traspasa el riesgo de impago a otras empresas (a diferencia del descuento). El principal inconveniente es su elevado coste.

La financiación externa a medio y largo plazo

Se destinan a financiar el activo fijo de la empresa y parte del activo circulante. Las principales fuentes de financiación externa a medio y largo plazo son las siguientes.

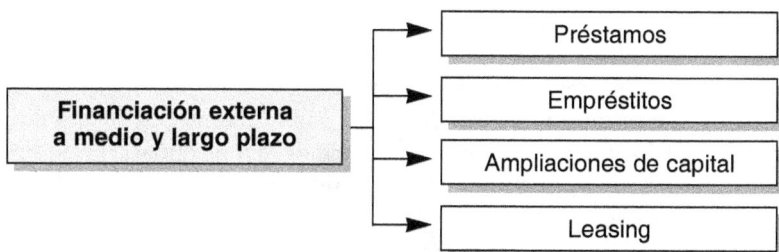

```
                                    ┌──────────────────────────┐
                                    │        Préstamos         │
                                    └──────────────────────────┘
┌──────────────────────┐           ┌──────────────────────────┐
│ Financiación externa │──────────▶│        Empréstitos       │
│ a medio y largo plazo│           └──────────────────────────┘
└──────────────────────┘           ┌──────────────────────────┐
                                    │  Ampliaciones de capital │
                                    └──────────────────────────┘
                                    ┌──────────────────────────┐
                                    │         Leasing          │
                                    └──────────────────────────┘
```

LOS PRÉSTAMOS A MEDIO Y LARGO PLAZO

Consiste en obtener fondos de entidades financieras o de particulares, a cambio de pagarles unos intereses y de la devolución de dichos fondos dentro de un plazo establecido.

LOS EMPRÉSTITOS

Son préstamos que obtiene la empresa y que están divididos en partes proporcionales denominadas obligaciones, bonos, etc.

Los utilizan las grandes empresas cuando necesitan grandes capitales y las entidades financieras no se los conceden en condiciones económicas aceptables. De este modo consiguen los fondos a través de la división del capital requerido en pequeños títulos y de su colocación entre los ahorradores privados, cuyo beneficio es la diferencia entre el precio de reembolso de la obligación y el precio de emisión.

AMPLIACIONES DE CAPITAL

En algunas ocasiones, la empresa para financiarse emite nuevas acciones y realiza una ampliación de capital en la que los antiguos accionistas tienen derecho a una suscripción preferente y primas de emisiones.

EL LEASING

Consiste en un contrato de arrendamiento entre una sociedad de leasing (arrendador) y una empresa (arrendatario), por el cual, el arrendador mediante pone a disposición del arrendatario un determinado bien a cambio del pago de un alquiler periódico durante el tiempo establecido en el contrato, existiendo al final del mismo la posibilidad de adquirir el bien en propiedad.

El aprovisionamiento
y la gestión de existencias

En este capítulo vamos a ver cuáles son las principales funciones del departamento de compras que, como veremos posteriormente, no debe limitarse simplemente a la adquisición de los materiales necesarios para la elaboración de los productos, sino que también debe hacerlo de la manera más eficiente. Veremos también cómo se pueden gestionar las existencias acumuladas en los almacenes de la empresa.

La función de aprovisionamiento

La función de aprovisionamiento consiste en establecer una serie de previsiones sobre las necesidades de ciertos factores (materias primas, piezas accesorias, etc.), proceder a las adquisiciones precisas en las fechas previamente determinadas, asegurarse de que se recibe exactamente lo que se ha solicitado (tanto en cantidad, calidad, etc.), almacenar adecuadamente dichos materiales y suministrarlos a los talleres productivos cuando estos lo requieran, así como a los clientes cuando nos los soliciten.

Se desprende, por lo tanto, que la función de aprovisionamiento consta de una amplia serie de operaciones anteriores y posteriores al acto de compra.

Como ejemplos de operaciones anteriores tendríamos las siguientes:

a) *Previsión de necesidades (cantidades, plazos, etc.).* En función de la demanda prevista de los productos que elabora la empresa, se podrán establecer previsiones sobre las cantidades necesarias de materiales en el futuro, así como los plazos en que se necesitarán las mismas.

b) *Elección de proveedores.* Es conveniente que los proveedores no sean sólo suministradores de materiales sino que sean colaboradores de la empresa, ofreciendo un servicio de calidad y de asesoramiento sobre la existencia de nuevos materiales, etc. Además, es conveniente que la empresa actúe con más de un proveedor para mitigar el riesgo de que un proveedor no cumpla con lo acordado y para beneficiarse de la posible competencia que haya entre ellos.

c) *Estudio de precios de los materiales.* Cuando una empresa utiliza un material que puede ser suministrado por varios proveedores, es conveniente que la empresa analice qué precios ofrece cada uno. Además, se debe analizar si se pueden utilizar productos sustitutivos más baratos.

d) *Estudio de las condiciones de pago y de posibles descuentos.* El departamento de compras, junto con el departamento financiero, debe analizar cuál es la forma de pago a los proveedores que más conviene a la empresa. Por ejemplo, deben decidir si es mejor utilizar un determinado descuento por pronto pago, aprovechar el crédito comercial que le ofrecen los proveedores o analizar si le conviene comprar una determinada cantidad de materiales para aprovechar un descuento por cantidad.

Como ejemplos de operaciones posteriores a la compra, tendríamos:

a) *El control de los materiales recibidos.* Cuando una empresa recibe los materiales que ha solicitado, es preciso comprobar que ha recibido la cantidad solicitada y, además, con el nivel de calidad pactado.

En caso de que los materiales recibidos cumplan con las condiciones pactadas, se procederá a la aceptación de la factura. En caso contrario, la empresa debe devolver la mercancía y reclamar al suministrador.

b) *El almacenaje de los materiales recibidos.* Los materiales deben estar ordenados de forma que sea fácil su localización, intentando evitar al máximo el deterioro de los mismos, así como sus posibles sustracciones.

Si observamos el esquema que sigue el proceso de producción en una empresa *industrial*, se observa que la función de aprovisionamiento está estrechamente conectada con la gestión de existencias o de los stocks. Es evidente que si el departamento de producción necesita un determinado material para elaborar un producto, lo primero que debe hacer es comprobar si hay existencias acumuladas de dicho material en los almacenes de la empresa. En caso de que existan, no será necesario adquirirlo en el exterior.

Proveedores de materias primas → Existencias o stock de materias primas → Stock de productos en curso → Stock de productos terminados → Clientes

Los stocks y su gestión

Definimos stocks, existencias o inventario, como los materiales o productos acumulados en los almacenes para ser utilizados en el proceso productivo o para ser vendidos a los clientes.

Podemos clasificar los stocks en:

— materias primas;
— productos en curso de fabricación;
— productos terminados;
— envases y embalajes;
— piezas de recambio de los bienes de equipo.

A la empresa lo que le interesa principalmente es no tener *rupturas de stock* por los perjuicios económicos que pueden provocar. Esta ruptura se produce cuando la empresa se queda sin inventarios.

Cuando la ruptura se produce en el almacén de productos terminados, la empresa deberá enfrentarse a la imposibilidad temporal de satisfacer las demandas de sus clientes, lo cual provoca siempre una pérdida de imagen y, en ocasiones, una pérdida de ventas y de clientes. Si se produce en el almacén de materias primas o productos semielaborados, provoca una detención total o parcial del proceso productivo.

Por lo tanto, a la empresa le interesa:

— disponer de suficiente stock de productos terminados para poder servir a los clientes;
— disponer de suficiente stock de materias primas, de piezas accesorias y de herramientas de trabajo para no interrumpir el proceso productivo.

Sin embargo, el tener determinados niveles de existencias también provoca los llamados *costes de almacenamiento* o *costes de posesión*, tales como:

— posibles pérdidas de valor de los artículos almacenados por el simple transcurso del tiempo (obsolescencia, mermas, deterioros, etc.);
— mayores costes de alquiler o de amortización del local (puesto que cuanto más alto sea el nivel de existencia, más grande será el local que necesitemos);
— costes de conservación, de recuento y de control más elevados;
— costes más altos por primas de seguros (cuanto mayor sea el stock, mayor será la prima a pagar);
— el coste financiero por el capital invertido en los stocks, que deberá ser igual al coste del capital que los financia o bien al coste de oportunidad que comporta la rentabilidad que podría obtener del capital invertido en el inventario.

Teniendo en cuenta lo dicho anteriormente, parece que lo ideal consistiría en hacer mínimo el stock y prevenirse contra los riesgos de ruptura mediante un reaprovisionamiento frecuente. Sin embargo, hay que valorar estos costes conocidos como *costes de lanzamiento del pedido*. Nos referimos a costes de recepción e inspección de los materiales, a gastos de comunicación (correo, fax), transporte, etc.

La gestión de stocks persigue el objetivo de encontrar un equilibrio de contraposición entre el coste de posesión y el coste de ruptura de stock. Este equilibrio nos llevará a un stock óptimo. Aunque, tomando una posición prudente, la empresa puede estimar conveniente prevenirse a un nivel más elevado contra el riesgo de ruptura de stock manteniendo un stock superior al exigido por las variaciones normales del nivel de existencias. Estamos hablando del stock *de protección, de seguridad* o de *emergencia* cuya misión es la de cubrir imprevistos.

Si bien estamos diciendo que lo ideal para la empresa es mantener el equilibrio anterior, puede haber casos en que a la empresa le pueda interesar mantener grandes inventarios. Nos referimos, básicamente, a cuando se esperan fuertes subidas de precios o se pueden obtener grandes descuentos de los proveedores realizando grandes pedidos o cuando se espera un crecimiento sustancial de la demanda.

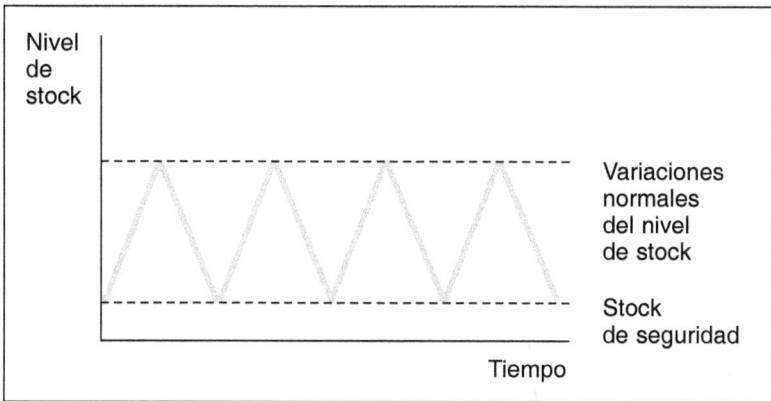

Métodos de gestión de stocks

En materia de gestión de stocks se nos pueden plantear muchos casos diferentes debido a que existen circunstancias muy diversas, tales como:

— el ritmo de salida de almacén puede ser conocido o desconocido de antemano. Si es conocido puede ser continuo o discontinuo;
— la recepción de la cantidad pedida puede ser inmediata o puede que haya un plazo de entrega que puede ser constante o no;
— el precio unitario puede ser diferente, dependiendo del volumen de pedido.

De lo dicho anteriormente, se observa que al responsable de la gestión de los stocks se le pueden plantear diversas situaciones, respecto a cuándo debe realizar un pedido así como la cantidad del mismo (tamaño y momento del pedido).

Existen dos tipos básicos de sistemas de inventarios que dan lugar a dos tipos de modelos.

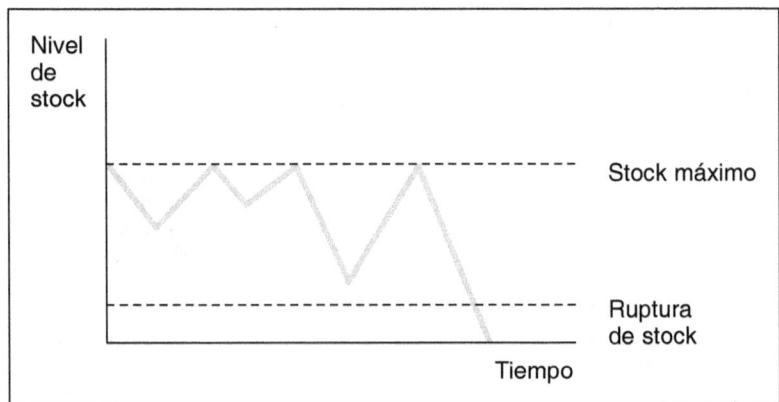

Método de gestión por periodo fijo

Se trata de un método que consiste en determinar un periodo de tiempo constante al final del cual se deberá proceder al reaprovisionamiento, cualquiera que sea el nivel alcanzado por el stock. Los periodos de reaprovisionamiento son siempre iguales, si bien puede ser distinta la cantidad. Al finalizar cada periodo, observaremos el nivel de stock y sabremos la cantidad que tendremos que reaprovisionar. La ventaja de este método es la sencillez, aunque existe el riesgo de que se produzca ruptura de stock. Se aplicará preferentemente a los productos de poco valor.

Método de gestión por periodo variable

Consiste en hacer constante la cantidad reaprovisionada, pudiendo variar los periodos de reaprovisionamiento. Este método no es tan simple ya que hay que estar continuamente observando el nivel de stock para saber cuándo hay que reaprovisionar, aunque el riesgo de ruptura de stock es mucho menor. Se utiliza para los productos más caros.

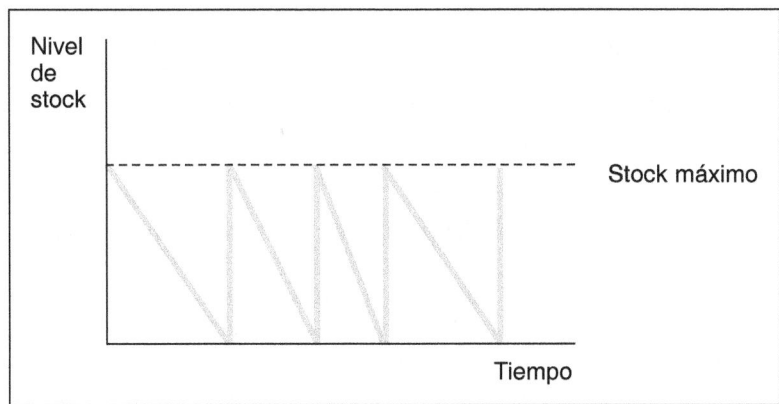

Como hemos dicho anteriormente, los distintos sistemas de inventarios conducen a diferentes modelos según el nivel de información existente. Así distinguiremos:

— modelos deterministas, en los que la demanda es conocida con certeza;
— modelos probabilísticos o aleatorios, en los que la demanda sólo se conoce en términos de probabilidades.

Nosotros haremos sólo referencia al más conocido de los modelos deterministas, el modelo de volumen económico de pedido, también llamado *modelo de Wilson*, con el cual se pretende determinar el volumen óptimo de pedido o lote económico de pedido. El volumen óptimo de pedido puede definirse como aquella cantidad que la empresa debe pedir a sus proveedores, de forma que el coste de aprovisionamiento sea mínimo. Los supuestos en que se basa el modelo de Wilson son los siguientes:

— la demanda del producto es constante, uniforme y conocida (es decir, se trata de un artículo con un ritmo de salida constante del almacén);
— el tiempo transcurrido desde la solicitud del pedido hasta su recepción (plazo de entrega) también tendrá que ser constante;
— el precio de cada unidad adquirida es independiente del tamaño del pedido;
— el artículo se reaprovisiona en lotes o pedidos constantes, constituidos por el número de unidades;
— cada pedido da lugar a un coste de lanzamiento.

Sistemas de control de inventarios y el método ABC

La principal función del control de inventarios es mantener un registro actualizado de las existencias (cantidad de existencias y estado de las mismas). La periodicidad de la actualización varía de unas empresas a otras. Existe el sistema de inventario permanente, que generalmente está informatizado, y que permite conocer, en todo momento, las existencias de los diversos productos, siempre y cuando se registren todas las entradas y salidas de los productos. No obstante, incluso con este sistema, tendrá que efectuarse periódicamente un recuento físico de las existencias en el almacén, y comprobar si existen diferencias notables.

Este control requiere una cierta organización de personal dedicado a la misma, por lo que supone un coste. A la vez sabemos que no todas las existencias tienen el mismo valor. Con la finalidad de ahorrar costes, dedicaremos un mayor control a los productos de mayor valor y una menor atención a los de menos valor.

El *método ABC* constituye una forma práctica para determinar la atención que requiere por la administración de las existencias. Consiste en considerar las existencias totales divididas en tres categorías de artículos (ABC) según el número de unidades almacenadas de cada categoría y el importe relativo del capital invertido en las mismas. Estas son:

EL MODELO DE WILSON

La fórmula de Wilson que nos lleva al lote económico de pedido es:

$$Q = \sqrt{\frac{2ED}{A + Pi}}$$

Donde:
Q = Volumen de pedido. Es decir, cantidad a encargar en cada uno de los pedidos.
D = Demanda anual del producto.
E = Coste de preparación del pedido.
A = Coste de almacenamiento de una unidad durante un año.
i = Tipo de interés.
P = Precio unitario.

Una vez tenemos el volumen económico de pedido podemos calcular:

a) El tiempo que transcurre entre cada pedido: Q ÷ consumo diario.
b) El consumo diario: D ÷ 360 días.
c) El número de pedidos al año: D ÷ Q.
d) El punto de pedido: plazo de entrega × consumo diario. Se trata del nivel de existencias en el que debe cursarse una nueva orden de reaprovisionamiento.
e) El coste anual de reaprovisionamiento: E × número de pedidos al año.
f) El coste anual de almacenamiento.
g) El stock medio: Q ÷ 2.
h) El coste anual de almacenamiento: (A + Pi) × stock medio.

EJEMPLO

Una empresa necesita anualmente 700.000 unidades de un componente para el montaje de su producto. Cada componente le cuesta 1.000 pesetas y, además, los gastos de cada pedido son de 10.000 pesetas. El tiempo para recibir los pedidos es de dos días. El coste de almacenamiento de un componente durante un año es de quince pesetas, excluyendo los costes financieros. El coste de oportunidad del capital invertido en stocks es del 10 % anual. Se desea conocer:

— el tamaño óptimo del pedido;
— el número de pedidos a efectuar al cabo del año;
— el punto de pedido;
— cada cuánto realizaremos un pedido;
— el coste anual de reaprovisionamiento;
— el coste anual de posesión del stock, o coste total de almacenamiento.

Solución:

D = 700.000 componentes;
P = 1.000 pesetas;
E = 10.000 pesetas;
Plazo de entrega: dos días;
A= 15;
i= 10 %

$$Q = \sqrt{2ED \div (A+Pi)} =$$

$$= \sqrt{(2 \times 10.000 \times 700.000) \div [15 + (1000 \times 0,10)]}$$

= 11.033 componentes

$D \div Q$ = 700.000 ÷ 11.033 = 63 pedidos al año.

Tomamos el año comercial de 360 días. Previamente calculamos el consumo diario, que será:

$D \div 360$ = 700.000 ÷ 360 = 1.944 componentes.

El punto de pedido será:

Plazo de entrega × consumo diario= 2 × 1.944 = 3.888 componentes

$Q \div$ consumo diario = 11.033 ÷ 1.944 = 5,67 días

Si con cada pedido se incurre en un coste de 10.000 pesetas y se efectúan 63 pedidos al año, el coste anual de reaprovisionamiento será:

CR = 63 ÷ 10.000 = 630.000 pesetas

Primero calculamos el stock medio.

Stock medio = $Q \div 2$ = 11.033 ÷ 2 = 5.516 componentes

El coste total de almacenamiento será:

$(A + Pi) \times$ stock medio = (15 + 1.000 × 0,10) × 5.516 = 634.340 pesetas.

Estos datos pueden representarse gráficamente de la siguiente manera:

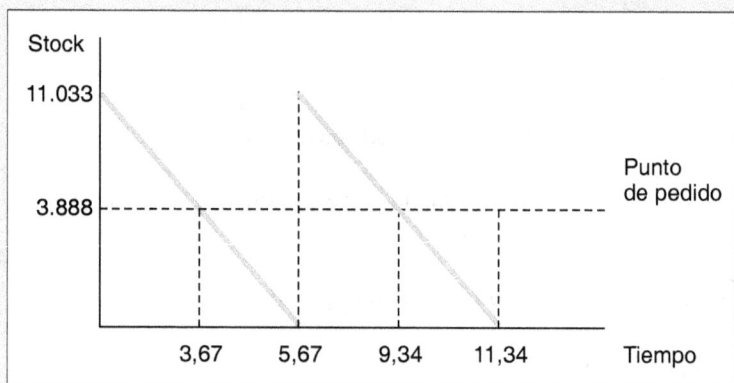

a) *Categoría A.* Un pequeño número de artículos (5-25 %) tiene un gran valor monetario (50-70 %). Debido precisamente a este gran valor, estos artículos requieren una gran atención y un control frecuente, ya que suponen para la empresa una inmovilización muy fuerte de capitales.

b) *Categoría B.* Tienen una importancia intermedia tanto en número de porcentaje de artículos (25-40 %) como en valor monetario (20-40 %). Lógicamente, en lo que respecta a los artículos que se incluyen en esta categoría, el control será menos minucioso que con los artículos de la categoría A.

c) *Categoría C.* En esta categoría nos encontramos con los artículos más numerosos (40-75 %) pero que sin embargo tienen un valor muy pequeño en lo que a términos monetarios se refiere (5-10 %).

Los artículos de esta categoría se gestionarán con métodos muy simples, ya que este tipo de productos requiere poca atención.

EJEMPLO

Una empresa tiene nueve clases de productos. Cada producto tiene su valor monetario. Clasifíquense por el método ABC.

Artículo	Valor monetario	% Valor monetario	% Artículo
1	150	3	11,11
2	290	5,8	11,11
3	1.450	29	11,11
4	2.000	40	11,11
5	480	9,6	11,11
6	420	8,4	11,11
7	20	0,4	11,11
8	115	2,3	11,11
9	75	1,5	11,11
Totales	5.000	100	100

Ordenamos de forma decreciente los artículos por porcentajes de valor monetario:

Artículo	Valor monetario	% Valor monetario	% Artículo
1	150	3	11,11
2	290	5,8	11,11
3	1.450	29	11,11
4	2.000	40	11,11
5	480	9,6	11,11
6	420	8,4	11,11
7	20	0,4	11,11
8	115	2,3	11,11
9	75	1,5	11,11

Observamos que:

— con el 22,2 % de los artículos (categoría A) tenemos controlados el 69 % del valor monetario;
— que el 33,3 % de los artículos (categoría B) representa el 23,8 % del valor monetario;
— que el 44,4 % de los artículos restantes (categoría C) sólo representa el 6,4 % del valor monetario.

La representación gráfica de estos datos es la siguiente.

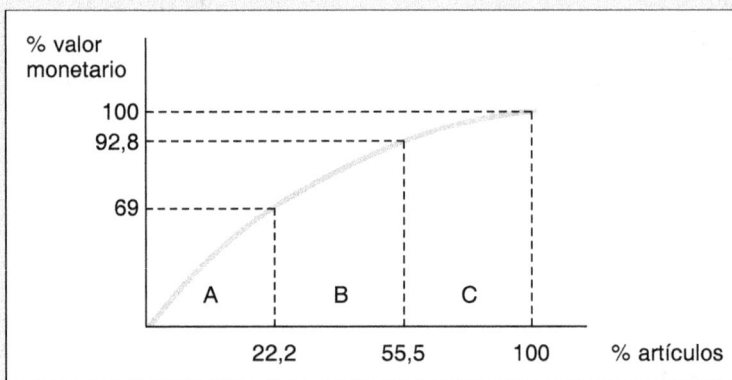

El inventario *just in time*

Para reducir los costes de los stocks existe el sistema de inventario *just in time*, popularizado en Japón, que consiste básicamente en minimizar las existencias de materiales y de productos terminados, e inclusive anularlas prácticamente. Para ello, se profundiza en las relaciones cliente-proveedor en una doble vertiente. Por un lado, aumentando las frecuencias de abastecimiento en función de las necesidades de programación de producción del cliente, lo que requiere que los proveedores se localicen cerca de sus clientes. Con ello, se puede prácticamente eliminar las existencias en poder del cliente, y en consecuencia, reducirse los costes e incrementar el grado de eficiencia. Por otra parte, se le reconoce al proveedor un papel clave en la planificación de la producción y en el control de la calidad de los productos suministrados.

La actividad productiva

En este capítulo vamos a desarrollar los aspectos relacionados con la actividad productiva de la empresa, viendo cuáles deben ser los objetivos de la dirección de la producción, así como las principales funciones de la misma.

Entre ellas veremos que la dirección debe tomar una serie de decisiones que nos lleven a obtener económicamente los productos y con los niveles de calidad requeridos por los clientes. Además, veremos cómo la dirección puede controlar los costes de producción.

Diferenciación entre bienes y servicios

Toda empresa, a partir de una serie de factores y de un proceso de producción, obtiene productos terminados que pueden ser bienes o servicios y que se destinan al mercado.

Lo primero que se debe conocer son las principales diferencias que existen entre la elaboración de bienes y la producción de servicios (servicios de abogados, de consultores, de mantenimiento, etc.), si bien, cuando hablemos a continuación del proceso de producción, nos referiremos básicamente a la elaboración de bienes por tratarse de un proceso más complejo. Partiendo de la base de que la principal característica de los servicios es que se elaboran y consumen simultáneamente, podemos afirmar que las principales diferencias entre los bienes y servicios son las siguientes:

a) Los servicios no pueden almacenarse para usarlos en el futuro, lo que ocasiona graves problemas ya que si la demanda es superior a la capacidad de producción, no podremos atender al exceso y, en caso contrario, si la demanda es inferior a la capacidad de producción, incurriremos en unos costes innecesarios. Vemos que las empresas de servicios se encuentran con problemas para decidir qué cantidad de personal debe contratar.

En cambio, los bienes sí pueden almacenarse y si la demanda se reduce podemos seguir produciendo y almacenar los productos fabricados para cubrir demandas futuras.

b) Si bien la calidad no es un concepto fácilmente medible, sí podemos afirmar que es más sencilla su medida en los bienes que en los servicios. En ambos casos, se deben ofrecer productos y servicios con un alto nivel de calidad, que permita a la empresa tener una buena imagen.

c) Los servicios se han de producir en el mismo lugar en el que se consumen. Ello obliga al productor de servicios a dispersar sus instalaciones si quiere atender a consumidores situados en diversos lugares.

En cambio, el fabricante de bienes puede centralizar la producción en un lugar y distribuir posteriormente sus productos a los consumidores a través del transporte.

d) La integración que existe entre las actividades de producción y las de márketing es mayor en la producción de servicios que en la de bienes. Esto se debe a que, en el caso de los servicios, la relación entre productor y consumidor es directa, por lo que el promotor será el propio productor. En la producción de bienes suelen existir intermediarios, que son los que están más cerca del consumidor final. Es conveniente que los intermediarios no sólo distribuyan el producto, sino que también lo promocionen y, además, que informen a la empresa sobre los deseos y necesidades de los consumidores.

El proceso de producción como sistema

El proceso de producción se define como aquel por el cual, mediante la aplicación de procedimientos tecnológicos, se transforman factores de producción, conocidos técnicamente como *inputs* o entradas, en bienes o servicios, conocidos técnicamente como *outputs* o salidas, destinados al mercado. Las entradas o *inputs* están formadas por el conjunto de factores de producción como son la energía, las materias primas, la mano de obra, los bienes de inmovilizado, etc., que se obtienen de una serie de fuentes de aprovisio-

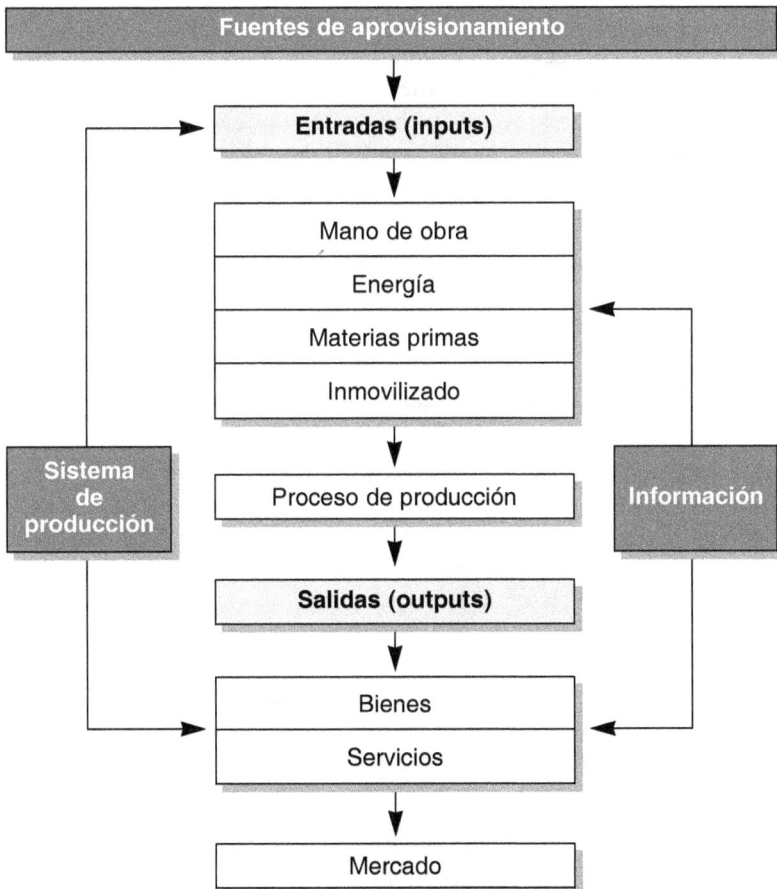

```
┌─────────────────────────────────────────────────┐
│          Fuentes de aprovisionamiento            │
└─────────────────────────────────────────────────┘
                         │
                         ▼
         ┌───────────────────────────────┐
         │        Entradas (inputs)       │
         └───────────────────────────────┘
                         │
                         ▼
         ┌───────────────────────────────┐
         │         Mano de obra           │
         ├───────────────────────────────┤
         │           Energía              │
         ├───────────────────────────────┤
         │        Materias primas         │
         ├───────────────────────────────┤
         │         Inmovilizado           │
         └───────────────────────────────┘
                         │
                         ▼
         ┌───────────────────────────────┐
         │      Proceso de producción     │
         └───────────────────────────────┘
                         │
                         ▼
         ┌───────────────────────────────┐
         │        Salidas (outputs)       │
         └───────────────────────────────┘
                         │
                         ▼
         ┌───────────────────────────────┐
         │            Bienes              │
         ├───────────────────────────────┤
         │           Servicios            │
         └───────────────────────────────┘
                         │
                         ▼
         ┌───────────────────────────────┐
         │            Mercado             │
         └───────────────────────────────┘

Sistema de producción        Información
```

namiento como son los directivos, trabajadores, proveedores, etc. Por otra parte, las salidas son los productos terminados, es decir, los bienes y servicios destinados al mercado.

Por lo tanto, vemos que el proceso de producción se estructura como un sistema que, a su vez, debe contar con un subsistema de retroalimentación, cuya misión es controlar las entradas de modo que las salidas se ajusten a los resultados deseados, dadas las alternativas tecnológicas existentes.

El proceso empieza en el momento en que se adquieren los factores de producción y se almacenan hasta incorporarse al proceso de transformación del que se obtienen unos productos terminados que son almacenados hasta su venta a los clientes.

La dirección de producción ha de tratar de reducir la duración del proceso de producción ya que con ello se contribuye a elevar la rentabilidad de la empresa. Lo que queremos decir es que, cuanto menos tiempo estén los productos terminados en los almacenes de la empresa, antes recuperaremos lo invertido para la producción de los mismos a través del cobro a los clientes.

Clases del proceso de producción

La empresa debe decidir qué tipo de proceso de producción va a aplicar, que vendrá condicionado por la capacidad de producción de la empresa, así como por el tipo de producto que se fabricará. A su vez, el tipo de proceso de producción seleccionado condicionará al diseño del sistema de producción.

Los procesos de producción se pueden clasificar de diversas formas según el criterio utilizado.

Según la extensión temporal del proceso

Hay que distinguir entre producción intermitente o continua.

La producción continua recoge aquellos procesos en los que la conversión de materias primas en productos terminados se realiza como un flujo ininterrumpido en el tiempo. Es decir, se empieza a producir el producto y no se interrumpe el proceso hasta su finalización. Como puede intuirse, es un tipo de producción adecuado para procesos en que las interrupciones son muy costosas. Dentro de este tipo de producción incluimos a la producción en serie o lotes (cadenas de producción). Este sistema tiene la ventaja de que se obtienen unos costes unitarios de fabricación más reducidos.

Como ejemplos de producción continua, tenemos refinerías de petróleo, fabricación de automóviles, etc.

Por otro lado, la producción intermitente no requiere continuidad y tiene como principal problema la ordenación temporal de las actividades, de forma que se logre un aprovechamiento óptimo de los recursos humanos de la empresa y se reduzca en consecuencia al mínimo los tiempos ociosos. En este tipo de sistemas, siempre quedan momentos en que el trabajador no puede realizar su trabajo ya que, por ejemplo, necesita que otro empleado le suministre un determinado componente, etc. Se trata de que estos momentos sean mínimos.

SEGÚN EL GRADO DE TIPIFICACIÓN DEL PRODUCTO

Distinguiremos entre producción individualizada y producción en serie. La primera es aquella en la que cada unidad de producto responde a unas características específicas y en la producción en serie todas las unidades son iguales.

SEGÚN EL DESTINO DEL PRODUCTO

El destino del producto puede ser los consumidores en general, nos referimos a la producción para el mercado, o puede ser que la empresa espere a que le soliciten un pedido que es la denominada producción por encargo. Por ejemplo, puede haber una empresa que fabrique muebles para vender posteriormente a tiendas especiali-

Clases de los procesos de producción	
Criterio	*Clase*
Extensión temporal	Producción intermitente Producción continua
Tipificación	Producción en serie Producción individualizada
Destino	Producción por encargo Producción para el mercado

zadas, o puede haber empresas que fabriquen muebles a medida por encargo.

Objetivos y decisiones de la dirección de producción

La dirección de la producción debe llevar a cabo las acciones necesarias que le permitan conseguir los objetivos fijados. Básicamente, podemos citar como principales objetivos de la dirección de producción a los siguientes:

a) Minimizar los costes de producción y maximizar la productividad o rendimiento de los factores de producción, respetando siempre el nivel de calidad exigido. Por lo tanto, se debe elaborar un producto que el mercado acepte y que sea producido económicamente, es decir, que sea rentable para la empresa.

b) Tener flexibilidad, es decir, tener capacidad de adaptación a los cambios que puedan haber, tanto de diseño de los productos como en los volúmenes de producción.

c) Asegurar, dentro de lo posible, que el proceso de producción no se interrumpa ni que deje de atenderse a las demandas de los clientes. Lo que queremos decir es que la dirección de producción

Objetivos
Minimizar costes
Maximizar productividad
Calidad mínima exigida
Fiabilidad
Flexibilidad

debe diseñar un sistema de producción que sea fiable. Como se puede intuir, este aspecto está íntimamente ligado a la gestión de los stocks.

Lógicamente, cuando una empresa ha de diseñar su sistema de producción, tiene que tomar una serie de decisiones; nos encontramos con unas decisiones estructurales, a largo plazo, y que afectan al diseño del sistema, así como con otras decisiones a corto plazo que tienen la finalidad de conducir el funcionamiento diario del sistema hacia las metas propuestas.

Decisiones a largo plazo

Además de las decisiones inmediatas, la dirección de producción debe tomar diversas decisiones a largo plazo. Las principales son las siguientes.

SELECCIÓN Y DISEÑO DE PRODUCTOS

Hay que tener en cuenta que el diseño del producto no es competencia exclusiva de la dirección de producción, sino que tiene que haber una participación muy activa del departamento de márke-ting, que es el que investiga el mercado y conoce los deseos de los consumidores. Es decir, el departamento de márketing diseña el producto y el departamento de producción analiza si es viable o no técnicamente con la maquinaria disponible, etc.

Previamente hay que decidir si a la empresa le interesa más pro-ducir todo el producto, o si le interesa más comprarlo fuera, ya ter-minado, o semielaborado, o si sólo le interesa comprar alguno de sus componentes. Algunas empresas prefieren aprovechar la posi-bilidad de incorporar al producto componentes elaborados por em-presas de prestigio, para así ganar en imagen, etc. Un ejemplo claro son algunas empresas de automóviles. En cambio, otras empresas prefieren no incorporar componentes fabricados por otras empre-sas para garantizar así su independencia.

Junto a lo expuesto con anterioridad, el otro factor básico de decidir si comprar o producir será el coste. Lógicamente, si el coste total de producir es inferior al coste de comprar, será mejor produ-cir que comprar. Por el contrario, si el coste de comprar es inferior

---

EJEMPLO

Una empresa puede adquirir unos componentes en el exterior por 4.000 u.m. cada unidad o fabricarlos con un coste variable de 2.000 u.m. y un coste fijo anual de 180.000 u.m. Se quiere conocer cuántos componentes debe necesitar al año como mínimo para que sea pre-ferible fabricarlos.

Costes fijos (CF): 180.000 u.m.
Coste variable (CV): 2.000 u.m.
Precio (P): 4.000 u.m.

$$CF \div (P - CV) = 180.000 \div (4.000 - 2.000) = 90$$

Si necesitamos menos de 90 unidades será mejor comprarlos fuera. A partir de 90 unidades, será mejor fabricarlos en la propia em-presa, ya que podremos absorber los costes fijos.

al de producir será mejor comprar. El factor que facilita mejor una opción que la otra es el número de unidades necesarias del producto, ya que permitirá una mayor o menor absorción de los costes fijos de la empresa.

SELECCIÓN DE BIENES DE EQUIPO Y DE LA TECNOLOGÍA

Para la selección de los bienes de equipo, se aplicarán los métodos de selección de inversiones que hemos visto en el capítulo «Inversión y financiación de la empresa».

En cuanto al mantenimiento de los mismos, la tecnología permite automatizar parte del proceso de mantenimiento, reducir la frecuencia de revisiones, avisar de la necesidad de una intervención y facilitar el acceso a los componentes de la maquinaria.

La dirección de producción también debe decidir si es preferible tener personal para el mantenimiento de los bienes de equipo, o si es preferible tenerlo externalizado. Esta decisión dependerá de varios factores como la especialización del personal de mantenimiento, el coste en que se incurre con cada parada provocada por averías, la frecuencia de las mismas, etc.

Lo que sí es aconsejable es aplicar el llamado *mantenimiento preventivo* (revisiones periódicas) en contra del llamado *mantenimiento correctivo* que consiste en actuar sólo cuando surge una avería. El preventivo tiene como objetivo reducir la probabilidad de averías, aumentar la vida útil de los equipos y elevar el nivel de calidad de la producción. Al ser más costoso podemos aplicarlo especialmente a los bienes de equipo *críticos* cuya paralización puede hacer que se detenga la producción.

DISEÑO DE TAREAS

Hay que diseñar los trabajos que debe realizar el factor humano de la empresa, buscando la eficacia y la satisfacción de los empleados.

Decisiones a largo plazo

▼

Selección y diseño de productos
Selección de la tecnología y de los bienes de equipo
Diseño de tareas
Localización de plantas e instalaciones

LOCALIZACIÓN DE PLANTAS E INSTALACIONES

Afectará notablemente a la estructura de costes de la empresa, tal y como hemos visto en el capítulo dedicado a la dimensión y la localización empresarial, al cual nos remitimos.

Decisiones a corto plazo

Como principales decisiones y acciones a corto plazo que debe tomar la dirección de la producción tenemos las siguientes:

PROGRAMACIÓN Y CONTROL DE LA PRODUCCIÓN Y DE LOS INVENTARIOS

La cantidad a producir dependerá de la demanda esperada y de las existencias acumuladas. Es decir, la dirección de producción recibirá órdenes del departamento de ventas. En función del nivel de stocks, el departamento de producción acordará que se prepare la fabricación de una cantidad u otra para hacer frente a la demanda y no aumentar demasiado los excedentes.

CONTROLAR LA CALIDAD DE LOS PRODUCTOS

Se trata de ver si los productos se están realizando con el nivel de calidad fijado, que tendría que ser el nivel de calidad requerido por nuestros clientes. En caso de que se detecte que la mayor parte de los productos es de baja calidad, habrá que proceder a investigar las posibles causas para tomar de inmediato las medidas correctoras oportunas.

Es necesario tener en cuenta además que la noción de calidad de producto tiene una importancia fundamental dentro de la organización de la empresa y su gestión, por lo que le hemos dedicado íntegramente un capítulo para tratarlo con profundidad al cual remitimos al lector (pág. 133).

CONTROLAR EL FACTOR HUMANO

El objetivo es conocer si el rendimiento de los trabajadores es el esperado, y poder corregir las desviaciones encontradas. Este control se realizará conjuntamente con la dirección de los recursos humanos.

Decisiones a corto plazo
Programación y control de la producción y de los inventarios
Control de la calidad de los productos
Control del factor humano
Control de los costes de producción

CONTROLAR LOS COSTES DE PRODUCCIÓN

Se trata de controlar si estamos produciendo de forma económica o si están produciendo desviaciones importantes, etc., aspecto que tratamos en el apartado siguiente.

Los costes de producción y su control

Hay una serie de costes en que incurre la empresa, tales como el alquiler del local, suministros de energía, salarios, etc., que no dependen de la cantidad producida y que conocemos con el nombre de *costes fijos*. Tienen esta denominación porque, aunque la empresa no produzca nada, incurre en estos costes.

Por otra parte, existen unos costes que varían en función del volumen de la producción y que son llamados *costes variables*. Estos costes son, básicamente, los costes de consumos de materiales que, como es lógico, sí dependen del volumen de la producción.

Si sumamos los costes fijos totales y los costes totales variables obtendremos los costes totales de producción.

Lógicamente a la empresa le interesará controlar estos costes para tomar las medidas oportunas en caso de desviaciones.

Para poder controlarlos correctamente, y a su vez poder conocer cómo contribuye cada producto al beneficio de la empresa, es necesario conocer que parte de los costes totales corresponden a cada producto, a cada departamento de la empresa, etc. Así, nos encontramos con una serie de costes que son fácilmente imputables ya que tienen una relación directa con un producto en concreto. Estos costes se conocen como *costes directos*. Pero, a su vez, nos encontramos con unos costes, denominados *costes indirectos*, que son comunes a varios productos y que para repartirlos es necesario establecer algún criterio de imputación que nos reparta estos costes entre los diferentes productos, departamentos, etc. Para su conocimiento, diremos que las dos técnicas de imputación de costes principales son el *full costing* y el *direct costing*. Con la primera, los costes fijos se distribuyen entre los productos prorrateándolos

en proporción a sus costes variables totales. Con la segunda, impu-
tamos a cada producto sólo su coste variable.

Los costes de producción se pueden controlar de varias formas,
aunque nosotros nos centraremos en la forma de control más importante y difundida que es la denominada *costes estándares*. Básicamente se trata de comparar los costes efectivos con los costes
previstos (costes estándares) para ver qué desviaciones se producen y así tomar las decisiones oportunas. Cuando comparemos el
coste real con el previsto, obtendremos una diferencia que será la
desviación total y que puede ser debida a:

a) Diferencias entre el precio real de los factores de producción
utilizados y el precio previsto. Esta desviación se conoce como *desviación económica o en precios*.

Desviación total = desviación económica + desviación técnica

EJEMPLO

La empresa Pérez, SA realizó unas previsiones de costes que se recogen a continuación junto a los consumos reales.

Costes estándares		
Q_P	P_P	T_P
Mano de obra 350	100	35.000
Materia prima 100	50	5.000
Costes reales		
Q_R	P_R	T_R
Mano de obra 360	120	43.200
Materia prima 105	52	5.460

Los costes estándares se habían previsto con una producción de 200 unidades aunque realmente se produjeron 190 unidades. Vamos a ver qué desviaciones se han producido:

Desviaciones del factor mano de obra

Desviación económica o en precios:
$D_P = (P_R - P_P) \times Q_R = (120 - 100) \times 360 = 7.200$ u.m.

Desviación técnica o en cantidades:
$DC = [Q_R - ((Q_P \div F_P) \times F_R)] \times P_P =$
$= [(360 - ((300 \div 200 \times 190)] \times 100 = 7.500$ u.m.

Desviación total:
$D_T = D_P + D_C = 7.200 + 7.500 = 14.700$

Desviaciones del factor materia prima

Desviación económica o en precios:
$D_P = (P_R - P_P) \times Q_R = (52 - 50) \times 105 = 210$ u.m.

Desviación técnica o en cantidades:
$D_C = [Q_R - ((Q_P \div F_P) \times F_R)] \times P_P =$
$= [(155 - ((150) \div 200) \times 190)] \times 50 = 625$ u.m.

Desviación total:
$D_T = D_P + DC = 210 + 625 = 835$ u.m.

Si sumamos la desviación total de la mano de obra con la desviación total de la materia prima tendremos la desviación total del periodo. Lógicamente, deberemos analizar estas desviaciones, averiguando sus causas y tomando las medidas correctoras oportunas.

b) Diferencias entre las cantidades realmente utilizadas y las que hubieran correspondido a la producción real según la previsión. Esta desviación se conoce como *desviación técnica o en cantidades*.

La desviación total será la suma de ambas desviaciones.

La actividad comercial

En este capítulo vamos a desarrollar la actividad comercial de la empresa que, como vamos a ver, comprende todo el conjunto de actividades necesarias para dirigir el producto elaborado por la empresa al mercado. Es decir, tiene como objetivo básico asegurar la colocación de los productos en el mercado de la forma más conveniente.

Para que esta función sea realizada eficientemente, el departamento comercial de la empresa o el departamento de márketing debe tomar una serie de decisiones.

A quién vender

Como es evidente, el mercado es muy amplio y la empresa difícilmente puede dirigirse a todo el mercado. Lo que es conveniente es segmentarlo en grupos de características similares (en función de la edad, sexo, etc.) y, una vez realizada dicha segmentación, decidir a qué segmento del mercado se llegará, ya que esta decisión condicionará la calidad de los productos, los medios de promoción de los mismos, el contenido de los mensajes publicitarios, etc.

Lo que queremos decir es que, dependiendo del mercado a conquistar, emplearemos una estrategia u otra. No es lo mismo dirigirse a un público de entre dos y seis años que a un público de 16 a 18 años.

Qué vender

No debe sólo decidirse qué producto ofrecer sino que también debe decidirse qué características debe tener el producto para satisfacer las necesidades de los consumidores (accesorios, complementos, etc.). Es decir, se trata de diseñar los productos con la calidad requerida por los clientes.

Además es conveniente diferenciar el producto de los productos ofrecidos por las empresas competidoras, a fin de inclinar a nuestro favor las decisiones de compra de los consumidores (a través de una marca o del envasado del producto, etc.).

Cómo vender

Es preciso decidir qué canales de distribución utilizaremos (política de distribución), cómo promocionaremos los productos y qué medios de publicidad utilizaremos (política de comunicación).

Política de precios

Concluyendo, vemos que el departamento comercial debe, en primer lugar, investigar el mercado para poder segmentarlo y conocer las necesidades y deseos de los grupos de consumidores. En función de los resultados obtenidos en dicha investigación y de las limitaciones financieras, técnicas y comerciales de la empresa, debe combinar las cuatro políticas nombradas anteriormente (política de producto, de distribución, de comunicación y de precio), conocidas como *políticas de márketing-mix*, de forma que le permita conquistar el segmento de mercado que se ha planteado como objetivo. Es decir, una vez fijado nuestro objetivo (segmento del mercado al cual queremos llegar) y conocidas nuestras limitaciones, hemos de decidir qué producto diseñar, a qué precio, cómo lo distribuiremos, etc., que nos permita llegar a los consumidores.

Objetivo comercial	Políticas de márketing-mix
↓	↓
Investigación del mercado	Limitaciones financieras, técnicas y comerciales de la empresa
↓	↓
Necesidades insatisfechas	Política de distribución
↓	Política de precio
Segmento del mercado	Política de comunicación
Política del producto	

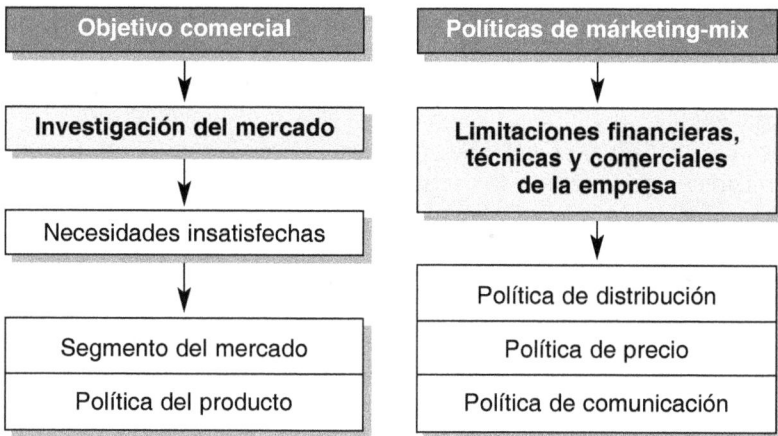

Investigación de mercados

Como hemos visto anteriormente, una de las primeras decisiones que debe tomar el departamento de márketing de la empresa es determinar a quién va a vender y qué va a vender. Para poder tomar esta decisión, parece evidente que sea necesario conocer el mercado, por lo que se debe realizar una investigación sobre el mismo. Como objetivos concretos de dicha investigación, podemos señalar los siguientes:

a) Analizar cualitativamente el mercado. Se trata de averiguar elementos cualitativos de la compra; es decir, se trata de averiguar las razones por las cuales los consumidores se inclinan a comprar o no un determinado producto, quién influye en su decisión, etc. Por lo tanto, se trata de conocer los deseos y necesidades de los consumidores actuales y futuros, así como los motivos de sus actuaciones.

b) Analizar cuantitativamente el mercado. Consiste en determinar el posible volumen de ventas realizable en una determinada zona geográfica (demanda potencial), las tendencias del mercado en precios, etc.

c) *Analizar variables comerciales concretas.* Se trata de averiguar las perspectivas futuras de los productos en cartera o de nuevos productos, averiguar qué canales de distribución son más eficaces, etc.

d) *Analizar la competencia.* Consiste en averiguar el número de empresas que ofrecen los mismos productos, qué dimensión tienen, qué estrategias comerciales aplican, etc.

Esta investigación comercial puede ser realizada por integrantes de la propia empresa o por consultores externos y consiste básicamente en la realización de encuestas a un determinado número de consumidores, extrapolando los resultados mediante técnicas estadísticas. Un ejemplo claro de lo dicho anteriormente lo encontramos en las encuestas realizadas por los partidos políticos en periodos de elecciones; lógicamente no realizan la encuesta a toda la población, sino que seleccionan una muestra y extrapolan los resultados a toda la población.

Segmentación de mercados

Parece lógico el hecho de que la empresa no puede satisfacer simultáneamente a todos los consumidores con una única estrategia comercial, ya que es evidente que no es lo mismo, por ejemplo, dirigirse a un público de una edad determinada con unos estudios primarios, que a un público de otra edad con unos estudios superiores. Para ello, es necesario agrupar a los consumidores en segmentos homogéneos y aplicar en cada uno las estrategias de márketing adecuadas para conseguir los objetivos fijados.

Este proceso de división del mercado en grupos de características similares es lo que se conoce como segmentación de mercados. Una vez realizada dicha segmentación, la empresa se dirigirá al segmento de mercado que mejor se adecue a sus posibilidades, con la estrategia concreta precisa, o bien intentar dentro de sus limitaciones financieras, técnicas y comerciales, dirigirse a varios segmentos con estrategias diferenciadas.

Para la segmentación de mercados existen varios criterios que pueden utilizarse individualmente o combinando varios. Los más habituales son:

a) *Segmentación geográfica.* Distingue a los consumidores por territorios, teniendo en cuenta las propias peculiaridades de cada uno (clima, cultura, etc.).

b) *Segmentación demográfica.* Consiste en segmentar el mercado basándose en factores demográficos como la edad, sexo, raza, estado civil, etc.

c) *Segmentación sociológica.* Consiste en agrupar a los consumidores por clases sociales, por niveles culturales, por niveles de estudios, por niveles de renta, etc.

A modo de resumen, vemos que la segmentación de mercados permite a la empresa conocer los distintos comportamientos de la población que compone el mercado, en función de la edad, sexo, etc., permitiendo descubrir oportunidades de negocio existentes.

Política de producto

Cuando hablamos de política de producto nos referimos a las decisiones que debe tomar la empresa acerca de diversas cuestiones relativas al producto que colocará en el mercado, tales como el diseño, las posibles modificaciones que cabría hacer en determinados casos o al cabo de un tiempo, las maneras de eliminarlo o bien de identificarlo, etc.

Lógicamente, la empresa debe diseñar un producto que tenga la calidad requerida por los clientes, es decir, que le permita satisfacer sus necesidades, ya que los clientes son la base para el éxito de la empresa.

En los próximos apartados veremos cuáles son las decisiones que debe tomar el departamento comercial en función del ciclo de vida del producto, y como la manera en que la empresa debe identificar a su producto.

El ciclo de vida del producto

La mayoría de los productos pasan por una serie de fases, durante su permanencia en el mercado, en las que la demanda de los mismos se va modificando. Dependiendo de la fase en que se encuentre el producto, será necesario llevar a cabo unas determinadas acciones u otras. Distinguimos las siguientes etapas.

INTRODUCCIÓN

Esta fase es clave, ya que veremos si el consumidor acepta el producto o no. En esta fase, las ventas crecen lentamente debido a que la mayoría de los consumidores no han probado el producto, por lo que es necesario realizar un esfuerzo importante de su promoción, lo cual provoca que se obtengan beneficios reducidos. Por contra, la ventaja de esta fase es que, al tratarse de productos nuevos en el mercado, la competencia es escasa.

CRECIMIENTO

A medida que el producto va siendo más conocido, las ventas comienzan a incrementarse sustancialmente, lo que provoca que la competencia empiece a verse atraída. En esta fase, el producto ya ofrece beneficios, ya que si bien los esfuerzos promocionales se han mantenido, las ventas han crecido notablemente.

MADUREZ

En esta fase se reduce el crecimiento de las ventas llegando a un nivel estable, al igual que los costes y, en consecuencia, que los beneficios. Esto es debido básicamente al fuerte aumento de la competencia, por lo que será necesario diferenciar el producto, buscándole nuevos usos con el objetivo de aumentar el número de consumidores.

DECLIVE

En este momento, las ventas comienzan a descender debido a los cambiantes deseos de los consumidores o a la introducción de nuevos productos sustitutivos.

Lógicamente se reduce la rentabilidad del producto, por lo que es necesario plantearse su eliminación y su sustitución por un producto nuevo.

El desarrollo de un producto nuevo implica un proceso largo ya que primero hay que diseñar el producto, ver si es viable económicamente, para posteriormente desarrollarlo y probarlo. Si los resultados de las pruebas son favorables, se empieza a comercializar el producto y comienza la fase de introducción de su ciclo de vida.

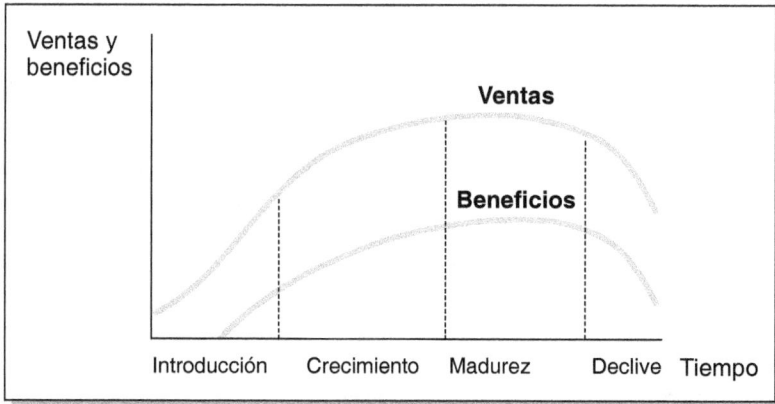

La identificación del producto

Como hemos dicho anteriormente, es conveniente que el producto ofrecido por la empresa presente ciertas características, como la marca y el envasado del producto, que permita identificar al producto y diferenciarlo del resto.

Es deseable que la marca sea fácil de recordar, identificar y pronunciar, por lo que generalmente es preferible que el nombre sea corto. Además, es conveniente que sugiera algo sobre los atributos del producto y sobre los beneficios que el consumidor obtendrá de él.

La misión del envase no es sólo contener y proteger el producto, sino que también anuncia su contenido, siendo conveniente que el envase inspire confianza y, sobre todo, produzca una impresión favorable. El envasado del producto es muy útil en estrategias de promoción de precios, envasándose conjuntamente varias unidades de un producto a un precio global especial, o suministrando un producto en un envase que tenga una utilidad una vez consumido.

Por lo tanto, vemos que los objetivos del envase son contener, proteger, promocionar y diferenciar el producto.

Política de precio

Una de las decisiones más importantes a tomar por la empresa es la fijación del precio de venta de los productos, al que podemos definir como la cantidad de dinero a cambio del cual el vendedor de un bien transfiere una unidad del mismo al comprador. Esta decisión tiene una importancia máxima, ya que es evidente que hay que fijar un precio que permita obtener unos ingresos suficientes para cubrir, como mínimo, todos los costes de la empresa, y que a la vez sea atractivo para los consumidores.

Lógicamente el precio es una variable comercial esencial, ya que si bien los consumidores también se fijan en otros aspectos del producto, como la calidad del mismo, su envasado, etc., generalmente, lo primero que consideran es el precio. Sin embargo, hay ocasiones en que el precio máximo de los productos viene fijado por las autoridades (por ejemplo, el tabaco, la gasolina, etc.) perdiendo la variable comercial *precio* cierto peso, por lo que, en estos casos, el departamento de márketing se debe centrar en el resto de variable (publicidad, diferenciación del producto, etc.).

Objetivos de la política de precios

Como hemos visto, una de las decisiones a tomar por la empresa es la de fijar el precio de venta de los productos. Para que esta fijación sea efectiva, es necesario conocer qué objetivos se persiguen con el precio. Los principales objetivos son:

a) Conseguir la máxima rentabilidad sobre el capital (beneficio/capital) o sobre las ventas (beneficio/ventas). Por lo tanto, la empresa debe fijar un precio que le permita conseguir los mayores beneficios posibles.

b) Mantener o incluso aumentar la cuota de mercado. Se trata de incrementar la presencia de la empresa entre los consumidores. Este objetivo es básico para las empresas integradas en mercados donde hay muy pocas barreras a la entrada, es decir, donde es relativamente fácil introducirse.

c) Evitar o seguir a la competencia. Si la empresa tiene como objetivo principal el de evitar a la competencia al fijar sus precios, deberá estar en una situación que le permita fijar unos precios más bajos que los del resto de empresas del sector. Sin embargo, en ocasiones, con el fin de evitar la guerra de precios, las empresas lo que hacen es seguir a la empresa líder del sector a la hora de fijar sus precios. Es decir, fijaremos y modificaremos los precios según lo haga la competencia.

d) Promoción de los productos. En ocasiones las empresas fijan unos precios promocionales bajos para introducir un producto nuevo en el mercado, revitalizar el interés por un producto antiguo, etc.

Métodos de fijación de precios

La fijación de precios es compleja y difícil ya que existen gran número de variables que influyen en la decisión, como son el mercado en que nos encontramos (monopolio, competencia perfecta, etc.), la demanda prevista del producto, los costes en que debemos incurrir para producir el bien, las reacciones de la competencia, etc. Lógicamente esto conlleva cierta dificultad y en la práctica se utilizan algunos modelos simples que, al no contemplar todas las variables, son bastante limitados. Veamos algunos a modo de ilustración.

FIJACIÓN DE PRECIOS BASADA EN LOS COSTES

Muchas empresas establecen los precios de sus productos calculando el coste total unitario y aplicando sobre este un cierto porcentaje de beneficio o margen.

EJEMPLO

Una empresa tiene capacidad para producir 20.000 unidades anuales, elaborando el producto con un coste fijo de 400.000 pesetas y un coste variable unitario de 50 pesetas. Si la empresa desea obtener un margen de beneficio del 15 % sobre el coste total unitario, ¿qué precio debe fijar a su producto?

Coste total unitario = (coste fijo ÷ cantidad producida) + coste variable = (400.000 ÷ 20.000) + 50 = 70 pesetas.

Precio = Coste total unitario + 15 % (sobre coste total unitario) = 70 + (0,15 × 70) = 80,5 pesetas.

FIJACIÓN DE PRECIOS BASADA EN LA MAXIMIZACIÓN DEL BENEFICIO

Consiste en calcular, mediante la aplicación de procedimientos matemáticos de cierta complejidad, qué precio hemos de fijar a los productos de manera que nos permita obtener el máximo beneficio, es decir, que nos haga máxima la ecuación:

Beneficio = Ingresos totales – Costes totales

Como es de suponer, existen otros métodos de fijación de precio que si bien siguen teniendo limitaciones, son más complejos, por lo que no vemos apropiado entrar en detalle.

Política de comunicación

Una de las principales funciones del departamento de márketing de la empresa es la de comunicar o informar al mercado sobre los productos que desarrolla la empresa, las características de los mismos, etc., con el objetivo de incrementar las ventas. Esta función la puede desarrollar básicamente a través de las siguientes actividades.

La promoción de ventas

Consiste en un conjunto de actividades de corta duración dirigidas a los distribuidores, consumidores, prescriptores que, mediante incentivos económicos o materiales, o mediante la realización de actividades específicas, tratan de estimular la demanda a corto plazo o de aumentar la eficacia de los distribuidores y prescriptores. Por lo tanto, la promoción puede estar dirigida a los siguientes sectores.

LOS CONSUMIDORES FINALES

Tiene como misión estimular al consumidor a que compre nuestro producto. Se realiza a través de la distribución de muestras gratuitas, demostraciones del funcionamiento del producto, etc. Normalmente esta promoción se realiza en los lugares de compra.

LOS DISTRIBUIDORES

La promoción de ventas dirigidas al distribuidor es imprescindible en los mercados en los que la labor de los intermediarios es muy importante. Nos referimos a mercados de productos que se venden en autoservicios (supermercados, etc.), donde existe un gran número de productos que satisfacen las mismas necesidades. Parece lógico que es más fácil que se vendan los productos que están mejor colocados en las estanterías, que tienen un mayor volumen expuesto, etc. Vemos, por lo tanto, que es conveniente estimular a los distribuidores mediante descuentos, ofertas especiales, etc., para conseguir estos beneficios.

LOS PRESCRIPTORES

Son las personas cuya opinión e influencia condiciona en buena parte la selección del consumidor. Como ejemplo tenemos a médicos, farmacéuticos, peluqueros, maestros, etc. Esta promoción pretende dar a conocer los productos a los prescriptores mediante la entrega de muestras gratuitas, regalos, etc., con el fin de que los recomienden a los consumidores.

La publicidad

Desde el punto de vista comercial, consiste en una forma de comunicación en masa que tiene como objetivo transmitir información sobre un determinado producto y, sobre todo, influir en su compra y aceptación. Esta publicidad se realiza a través de los medios de comunicación (prensa, radio, televisión, etc.), por lo que tiene un coste elevado, aunque con la gran ventaja de llegar a un gran número de personas. Cuando una empresa quiere desarrollar un programa publicitario, es conveniente que siga las siguientes etapas.

FIJACIÓN DE LOS OBJETIVOS PUBLICITARIOS

El principal objetivo de la publicidad es contribuir, con el resto de las políticas comerciales de la empresa (política de precio, de distribución, etc.), a las ventas de sus productos. Para ello, la publicidad tiene como objetivos concretos:

— dar a conocer un producto o marca;
— crear una imagen de la empresa;
— incrementar el consumo de los productos ya existentes;
— conseguir la fidelidad de la marca;
— contrarrestar las acciones de la competencia.

PRESUPUESTACIÓN DEL PROGRAMA PUBLICITARIO

Cuando una empresa quiere determinar qué presupuesto va a destinar a publicidad, se encuentra con una operación muy compleja ya que hay que considerar un elevado número de costes (coste de los medios de comunicación, costes de trabajos delegados a agencias de publicidad, etc.) y a la vez existe una gran dificultad en medir el rendimiento de las actividades publicitarias.

Por esta razón, muchas empresas lo que hacen es asignar un porcentaje fijo de las ventas a publicidad.

DETERMINACIÓN DEL MENSAJE PUBLICITARIO

El mensaje publicitario es esencial ya que, en función de su contenido y de la forma, podemos obtener resultados muy distintos. Representa el conjunto de ideas que el anunciante trata de hacer llegar al público para conseguir sus objetivos. Es conveniente que el mensaje señale los atributos del producto anunciado, intentando hacer ver que estos atributos son exclusivos y que se trata de un mensaje creíble.

Lógicamente, la estructura del mensaje (lenguaje, protagonistas, ilustraciones, etc.) debe estar adaptada al público, objetivo receptor del mensaje.

Creemos que, debido a la importancia y dificultad de esta fase, puede ser conveniente delegar esta tarea en una agencia de publicidad.

SELECCIÓN DE MEDIOS DE COMUNICACIÓN

Debemos seleccionar a través de qué medio de comunicación vamos a desarrollar nuestra campaña publicitaria, televisión, radio, prensa escrita, publicidad exterior, etc.

Parece evidente que se trata de una decisión de gran importancia, ya que un error en la selección del medio nos llevará a realizar una campaña publicitaria ineficaz. Además, esta etapa del programa supone, en la mayoría de los casos, la partida más importante del presupuesto publicitario.

La elección del medio de comunicación a utilizar dependerá básicamente de los siguientes criterios:

— las características de la población-objetivo, es decir de los individuos a quienes va dirigido el anuncio;
— la difusión del medio entre el segmento de población al que se desea dirigir la comunicación;
— las características del producto;
— el precio de los distintos medios de comunicación;
— la audiencia de los diferentes medios.

Una vez ponderados todos estos factores, la empresa elegirá el medio que encuentre más adecuado.

MEDICIÓN Y CONTROL DE LOS EFECTOS DE LA PUBLICIDAD

Es muy difícil medir la incidencia de la publicidad en las ventas, ya que están influenciadas por otros factores como el precio del producto, su distribución, etc. En la práctica, lo que se controla es la incidencia que ha tenido la campaña publicitaria en los consumidores, consistente en averiguar si los consumidores han visto el anuncio, si lo recuerdan, y ver si se ha conseguido modificar su percepción hacia el producto.

Algunas empresas, para controlar la publicidad, realizan el siguiente experimento. Eligen dos ciudades muy parecidas en cuanto a los factores que inciden en la evolución de sus ventas, y lanzan una campaña publicitaria en sólo una de ellas. Posteriormente, se comparan las ventas de una ciudad con otra y se estima el efecto de la publicidad.

La venta personal

Se trata de la venta que se lleva a cabo mediante el contacto personal entre el vendedor, agente o representante de la empresa y el comprador.

Si bien debe ser considerada como una forma de distribución, se trata también de una forma de promoción muy importante, ya que el vendedor, que conoce bien el producto, informa y asesora a los consumidores para que conozcan con todo detalle sus cualidades y, de paso, ofrece una imagen más abierta y cercana de la empresa.

Además, también tiene la ventaja de que, con la venta personal, se tiene un mayor conocimiento de los gustos, necesidades y deseos de los consumidores.

```
┌─────────────────────────────┐
│    Selección de objetivos   │
└─────────────────────────────┘
              │
              ▼
┌─────────────────────────────┐
│  Presupuesto del programa   │
└─────────────────────────────┘
              │
              ▼
┌─────────────────────────────┐
│  Determinación del mensaje  │
└─────────────────────────────┘
              │
              ▼
┌─────────────────────────────┐
│     Selección de medios     │
│       de comunicación       │
└─────────────────────────────┘
              │
              ▼
┌─────────────────────────────┐
│           Control           │
└─────────────────────────────┘
```

Las relaciones públicas

Comprenden todas las actividades y decisiones destinadas a mejorar y mantener las relaciones de la empresa con colectivos de personas tales como sus empleados, los consumidores, los medios de comunicación, las autoridades locales, etc.

Por lo tanto, se trata de difundir la imagen de la empresa mediante actividades de patrocinio, esponsorización, apoyo a actividades culturales, etc.

```
┌────────────────────────────────┐
│    Política de comunicación     │
└────────────────────────────────┘
                 │
                 ▼
┌────────────────────────────────┐
│           Promoción             │
├────────────────────────────────┤
│           Publicidad            │
├────────────────────────────────┤
│         Venta personal          │
├────────────────────────────────┤
│       Relaciones públicas       │
└────────────────────────────────┘
```

Política de distribución

Está claro que la empresa debe hacer llegar los productos o los servicios a los destinatarios finales de los mismos, poniéndolos a su disposición en el lugar apropiado, en el momento oportuno y al menor coste posible.

Vemos, por lo tanto, que el objetivo de la distribución es colocar el producto terminado en los puntos de venta con el menor coste posible y de la forma más eficaz. Este doble objetivo no es fácil de conseguir ya que, generalmente, el menor coste va asociado a un menor servicio ofrecido al cliente, por lo que la empresa tratará de buscar una solución intermedia que equilibre al máximo estos dos objetivos.

Fabricante			
Venta directa	**Minorista**	**Mayorista**	**Mayorista**
Tiendas propias		**Minorista**	**Mayorista**
A domicilio			
Correo/Teléfono			**Minorista**
Internet			
Consumidor			

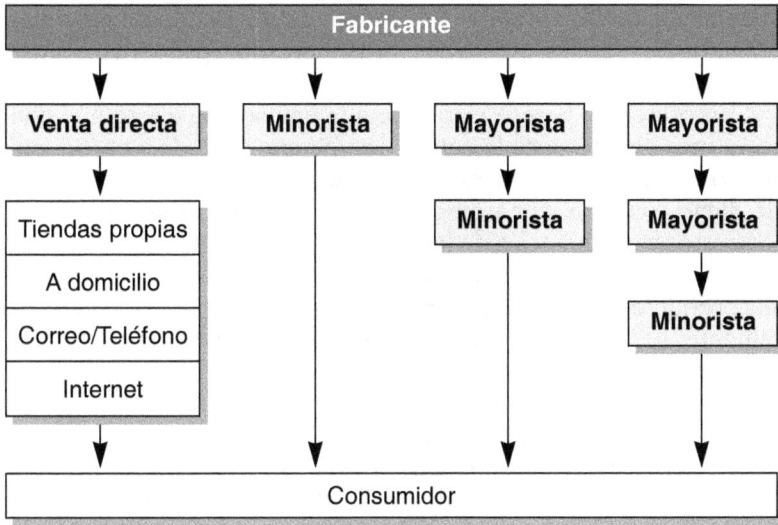

La empresa tiene, básicamente, dos opciones en la distribución de sus productos. Puede desarrollarlo ella misma *(venta directa)* o puede recurrir a la utilización de intermediarios comerciales; por lo tanto, el producto puede pasar del productor al consumidor final directamente, o puede pasar por varios intermediarios, en los llamados *canales de distribución por etapas*. Generalmente, la venta directa se aplica normalmente en el sector industrial, donde la demanda está muy concentrada y el número de competidores es reducido. También es usual en el sector de servicios debido a su intangibilidad. Esta venta directa puede realizarse a través de tiendas propias, por correo, a domicilio, por internet, etc. Por contra, en los mercados de productos de consumo se suelen utilizar canales de distribución con más de un intermediario. Entre los intermediarios podemos distinguir básicamente entre mayoristas y minoristas. Los primeros adquieren productos para venderlos de nuevo a otros intermediarios comerciales (venden al por mayor). Los minoristas compran a fabricantes o a otros mayoristas y venden a los consumidores finales; es decir, venden al por menor o, lo que es lo mismo, al detalle, por lo que también se llaman *detallistas*. Como ejemplos, tenemos las grandes superficies, hipermercados, pequeñas tiendas, etcétera.

En principio, parece claro que a la empresa le interesa el contacto más directo posible con el destinatario final de su producto, por lo que la venta a través de intermediarios supone una pérdida de dicho contacto y una dificultad para el mejor conocimiento de los gustos y preferencias de los consumidores.

Sin embargo, vemos que un gran número de empresas venden sus productos a través de intermediarios, en lugar de hacerlo directamente. Este hecho es fácilmente explicable, ya que la mayoría de las empresas no pueden disponer de la capacidad financiera necesaria para tener una red de distribución propia suficiente, por lo que debe recurrir a los intermediarios.

Lógicamente, lo ideal es que la empresa tenga una posición de fuerza respecto a los distribuidores y esto pasa por el hecho de que sus productos estén mejor posicionados que los de la competencia, ya que los distribuidores no pueden prescindir de marcas que los consumidores exigen.

La gestión de los recursos humanos

Podemos afirmar que uno de los activos más importantes que tiene una empresa está formado por las personas que trabajan en ella. De hecho, el personal de la empresa ha pasado de ser considerado un factor de coste a ser considerado un factor que permite obtener mejoras en la rentabilidad y ventajas competitivas.

De ahí, que el conocimiento de las técnicas básicas que se utilizan en la gestión y en la dirección de los recursos humanos tiene una importancia capital en el éxito o el fracaso de cualquier empresa; por este motivo hemos dedicado un capítulo al estudio de la gestión de los recursos humanos.

Como veremos, la dirección de recursos humanos tiene como objetivo general el mejorar la contribución productiva de los recursos humanos en la organización.

El proceso de dirección de los recursos humanos

Cuando la dirección de la empresa desarrolla la función de planificación, debe establecer el número de personas que van a ser necesarias para llevar a cabo la actividad de la empresa, qué perfil deben tener y cómo se van a reclutar. De todas estas tareas se encarga la dirección de los recursos humanos, que definimos como el proceso de selección, formación, desarrollo y reclutamiento del número necesario de personas cualificadas para que la empresa pueda conseguir sus objetivos; a su vez, tratará de conseguir la máxima eficiencia y satisfacción de los trabajadores. Hay que intentar que la relación entre la empresa y los empleados permita a ambos alcanzar sus expectativas.

En el proceso de dirección de los recursos humanos podemos establecer las diversas etapas.

Planificación

Consiste en determinar qué trabajadores necesita la empresa y con qué perfil para intentar asegurar que la empresa va a contar con los recursos humanos necesarios, tanto en cantidad como en calidad, en cualquier momento. Por lo tanto, es necesario realizar una estimación de las necesidades futuras de recursos humanos de la empresa.

Reclutamiento del personal

Una vez la empresa ha definido sus necesidades, debe localizar a las personas adecuadas que le permitan satisfacer estas necesidades y que serán los candidatos para ser seleccionados.

Selección del personal

Consiste en una serie de pruebas a los solicitantes del empleo que nos permita contratar a los candidatos más apropiados.

Integración y formación

Una vez se ha contratado al personal seleccionado, se debe facilitar su integración en la empresa, así como su formación. Básicamente, consiste en explicar al empleado qué tareas debe desarrollar, así como la forma de realizarlas.

```
┌─────────────────────────────┐
│        Planificación        │
└─────────────────────────────┘
               │
               ▼
┌─────────────────────────────┐
│        Reclutamiento        │
└─────────────────────────────┘
               │
               ▼
┌─────────────────────────────┐
│          Selección          │
└─────────────────────────────┘
               │
               ▼
┌─────────────────────────────┐
│    Integración y formación  │
└─────────────────────────────┘
               │
               ▼
┌─────────────────────────────┐
│     Evaluación y control    │
└─────────────────────────────┘
               │
               ▼
┌─────────────────────────────┐
│         Recompensas         │
└─────────────────────────────┘
```

Evaluación y control del rendimiento

El cometido de esta actividad consiste en comprobar la calidad de las tareas que realizan los empleados en sus puestos de trabajo, así como en detectar la aparición de posibles problemas de satisfacción en el trabajo y de motivación, para poder tomar las medidas oportunas de manera precisa y en poco tiempo.

Salarios y recompensas

El proceso de dirección de recursos humanos debe contemplar también la necesidad de otorgar un conjunto de compensaciones y beneficios que obtienen los empleados como contraprestación por su trabajo y rendimiento, y que incluye sueldos y salarios, vacaciones, seguros de vida colectivos, planes de pensiones promovidos por la empresa, etc.

Planificación de los recursos humanos

La planificación de los recursos humanos consiste en desarrollar una estrategia completa que permita a la organización cubrir sus necesidades futuras de estos recursos; es decir, es el proceso por el cual la dirección se asegura que tendrá el número correcto de personas, con las capacidades apropiadas, en el lugar adecuado y en el momento preciso.

Es preciso proceder según las etapas siguientes.

a) Estudio de la situación actual, determinando si el personal existente es apropiado para las necesidades actuales de la empresa y si se le utiliza adecuadamente.

b) Detección de las necesidades futuras de personal de la empresa. Para la detección de estas necesidades, hay muchos factores a tener en cuenta:

— crecimiento esperado de la empresa;
— introducción de nuevas tecnologías: exigirá tener un personal preparado para afrontar estos cambios;
— rotación del personal: es el porcentaje de bajas que se producen por renuncias, fallecimientos, jubilaciones, despidos, etc., sobre el volumen total de empleados.

En función de estas previsiones, se han de desarrollar programas de formación del personal para poder afrontar las necesidades futuras de los recursos humanos, así como programas de selección del personal.

Reclutamiento y selección del personal

El punto de partida de los procesos de reclutamiento y de selección del personal es el conocimiento de los puestos de trabajo que la empresa desea cubrir. Para ello, es conveniente realizar un análisis del puesto de trabajo a cubrir, realizando una descripción del mismo.

a) *Análisis del puesto de trabajo.* Con este análisis, la empresa identifica las tareas que conlleva el puesto de trabajo a cubrir, así como las características y requisitos que ha de cumplir la persona seleccionada para que pueda desarrollar las tareas con el nivel exigido por la empresa.

b) *Descripción del puesto de trabajo.* Una vez analizado el puesto de trabajo, es conveniente realizar una descripción del mismo, mediante la plasmación en un documento donde se especifiquen las distintas actividades del puesto, la capacitación que se requiere para desarrollarlas adecuadamente, las responsabilidades y obligaciones que comporta, la relación con otros puestos y las condiciones de trabajo.

A partir del análisis y de la descripción del puesto de trabajo, la empresa puede establecer el perfil adecuado, es decir, las características que debe tener un candidato ideal para el puesto específico que sea objeto del proceso de selección.

Reclutamiento

El proceso de reclutamiento está formado por el conjunto de acciones y actividades tendentes a conseguir la cantidad suficiente de candidatos que en principio están cualificados, eligiendo de entre estos los más adecuados para iniciar el proceso de selección.

Las fuentes de reclutamiento pueden ser internas o externas.

FUENTES INTERNAS

Se trata de buscar los candidatos para cubrir los puestos de trabajo dentro de la misma empresa, vía promoción, etc. Esta fuente de reclutamiento presenta algunas ventajas:

— la evaluación de los candidatos es más sencilla y barata, ya que se tiene un buen conocimiento de los mismos;

— el cambio de puesto y la promoción supone un sistema de recompensa y de motivación para los empleados.

Sin embargo, esta medida también plantea algunas desventajas ya que en cierto modo se pierde la oportunidad de dar entrada a nuevas ideas y puede provocar tensiones entre los empleados que optan al puesto, etc.

Estas desventajas, junto a las propias limitaciones del reclutamiento interior, como el hecho de no disponer dentro de la empresa de nadie con la capacitación requerida, llevan a la empresa a tener que reclutar en el exterior, es decir, a utilizar las fuentes de reclutamiento externas.

Fuentes externas

Se trata de buscar los candidatos a un puesto de trabajo determinado fuera de la empresa. Existen muchos procedimientos para conseguir candidatos, siendo algunos más adecuados que otros, dependiendo del puesto de trabajo a cubrir. Los principales procedimientos de búsqueda externa son:

a) Bases de datos de la empresa. Por ejemplo, archivos que posee la empresa de otros procesos de selección.

b) Anuncios en prensa. La ventaja de este método es que con un coste bajo se puede llegar a un gran número de candidatos. Aunque esto provocará, posteriormente, un mayor coste del proceso de selección. Hay que elegir adecuadamente dónde anunciarse, cuánto tiempo y el contenido del anuncio.

c) Universidades y centros de estudios. La ventaja principal es que obtenemos candidatos altamente especializados, con la capacidad requerida, si bien hay que tener en cuenta el inconveniente de la inexperiencia laboral.

d) Agencias de colocación públicas y privadas.

e) Colegios y asociaciones profesionales. Son una buena fuente para reclutar a personal técnico y con una determinada formación.

f) Empresas de trabajo temporal. Las empresas, en ocasiones, se encuentran con la necesidad de tener que cubrir temporalmente unos puestos de trabajo determinados. Para ello recurren a las empresas de trabajo temporal, que les facilitan una lista de los posibles candidatos.

En algunos casos estas empresas de trabajo temporal no son sólo una forma de cubrir de manera temporal unos puestos de trabajo determinados, sino que también son una fuente de reclutamiento en la que las tareas de selección las realiza la propia empresa de trabajo temporal.

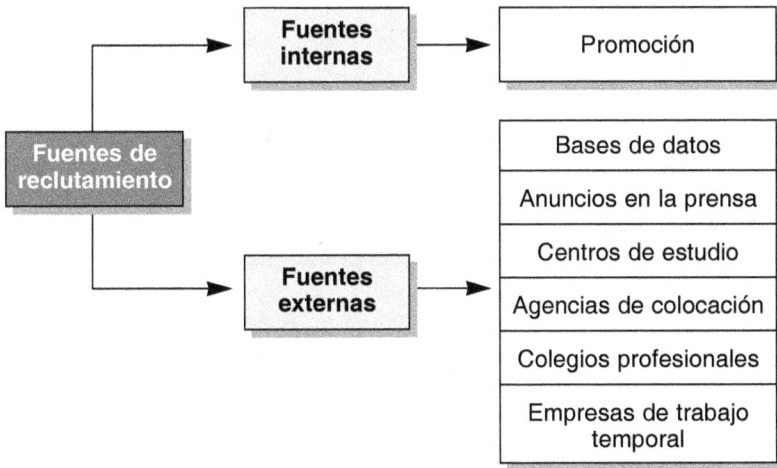

El proceso de selección

Una vez se ha reclutado a los candidatos, el departamento de selección de personal debe elegir al que mejor se adapte al puesto de trabajo. En el proceso de selección, distinguimos una fase de preselección y la selección propiamente dicha.

LA PRESELECCIÓN

Consiste en disminuir el número de candidatos a los que después se apliquen las técnicas de selección, con el objetivo de que esta sea más económica y ágil.

Las herramientas principales de esta preselección son:

— entrevista inicial o preliminar;
— los formularios de solicitud de empleo;
— la empresa obtiene información del candidato: sus datos personales, situación laboral, formación, experiencia, expectativas, aficiones, etc.;
— los currículos: es la presentación resumida de la vida formativa y laboral del candidato; suele acompañarse de una carta de presentación y, en ocasiones, de una carta de recomendación.

LA SELECCIÓN

Una vez el candidato ha superado la preselección, empieza la selección en sí. Como principales herramientas de la selección tenemos:

a) Pruebas o exámenes psicológicos y psicotécnicos. Con ellos se trata de determinar la capacidad de la persona, su aptitud, conocimientos, personalidad, etc., para ver si el candidato es apto o no para desarrollar las tareas requeridas.

b) Pruebas profesionales. Consisten en una serie de ejercicios que intentan poner al candidato frente a situaciones similares a las condiciones reales del puesto que pretende ocupar, para poder ver cómo reacciona, qué grado de formación necesitará, etc. Se utilizan, generalmente, para la selección de especialistas, técnicos, trabajos manuales y administrativos.

c) La entrevista de selección. Es la técnica de selección más utilizada. Su finalidad es recoger datos sobre las capacidades del candidato que no se pueden obtener por otros procedimientos, obtener información para contrastarla con la obtenida en otras pruebas y completar la conseguida con estas.

El inconveniente de la entrevista es su carácter subjetivo ya que todo el proceso de la entrevista depende de la experiencia y capacidad del entrevistador.

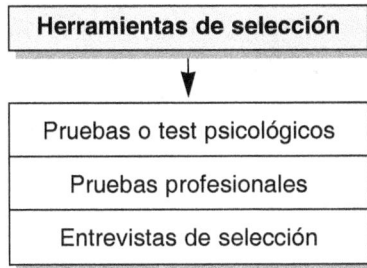

```
┌─────────────────────────────────┐
│   Herramientas de selección     │
└─────────────────────────────────┘
                 │
                 ▼
┌─────────────────────────────────┐
│   Pruebas o test psicológicos   │
├─────────────────────────────────┤
│     Pruebas profesionales       │
├─────────────────────────────────┤
│    Entrevistas de selección     │
└─────────────────────────────────┘
```

Una vez han finalizado las pruebas de selección y se ha verificado la información aportada por los candidatos, la empresa tomará la decisión final sobre la elección.

Para algunos puestos de trabajo, es recomendable, antes de tomar la decisión final, realizar una revisión médica para comprobar que el candidato puede ejercer el trabajo sin problemas.

Si la decisión final es afirmativa, la empresa hace una oferta formal al candidato en cuanto a salario y condiciones, y si se llega a un acuerdo se realiza la contratación.

Integración y formación del personal

El proceso de integración

Cada vez que se contrata a un empleado hay que intentar que se integre lo más rápidamente posible a la empresa.

De esta integración son responsables el departamento de recursos humanos y el departamento al que pertenece el trabajador contratado.

El primero informará básicamente al empleado sobre los objetivos de la empresa, de la organización de la misma, de las condiciones del convenio, etc.

El director del departamento en el que se integra ha de presentar al nuevo empleado a sus compañeros, explicarle las actividades del departamento y cuáles van a ser sus tareas.

El proceso de integración tiene como objetivo evitar la sensación de aislamiento e inseguridad que tiene el trabajador en los primeros días y que perjudica a su rendimiento.

Durante este periodo, hay que establecer un contacto continuo con el nuevo trabajador para ayudarlo y para controlar su progresión y rendimiento.

La formación del personal

La formación del personal es una área prioritaria de la dirección de recursos humanos ya que es decisivo tener trabajadores que sean capaces de desarrollar las tareas adecuadamente y que puedan adaptarse a los cambios que se vayan produciendo. El hecho de tener un personal bien formado puede ser una ventaja competitiva muy importante.

Todos los empleados, independientemente de su experiencia, requieren una cierta formación para poder desempeñar sus tareas correctamente.

La formación se puede impartir tanto en el interior de la empresa como en el exterior de la misma. En el primer caso, nos referimos a la formación en el puesto de trabajo que consiste en un programa en el que el empleado aprende las tareas de su puesto de trabajo realizándolas bajo la orientación y supervisión de otra persona con experiencia. Es útil para trabajos sencillos que se aprenden con la práctica. En el caso de trabajos más complicados, se aplicará la formación *en aprendizaje* en la que el nuevo empleado trabaja como ayudante de otro que tiene experiencia durante el tiempo necesario, es decir, hasta que el nuevo empleado sepa realizar solo la tarea de forma eficaz.

Fuera del área de trabajo, la formación se basa en realizar cursos, seminarios, asistir a conferencias o a centros donde se realizan ejercicios de simulación, etc.

Evaluación del trabajo

El trabajo realizado por los empleados de la empresa debe ser evaluado, para poder tomar las medidas oportunas que permitan mejorar los resultados. Para ello, la empresa debe definir un nivel aceptable de rendimiento en el trabajo, valorar el rendimiento del trabajador y efectuar la comparación para tomar decisiones sobre formación, remuneración, promoción, cambio de puesto de trabajo, e incluso despido.

Por lo tanto, con la evaluación del trabajo se pretende poder:

a) Informar al trabajador de las cuestiones que debe mejorar.

b) Informar a la dirección sobre los rendimientos de los trabajadores, para que pueda tomar las decisiones oportunas.

c) Motivar al trabajador: el empleado sabe que su trabajo es evaluado y que si tiene un rendimiento óptimo puede ser recompensado (promoción, remuneración, etc.).

Hay que evaluar, por ejemplo, qué cantidad de trabajo realiza el empleado, con qué nivel de calidad, si sabe colaborar con el resto de compañeros (trabajo en equipo), etc.

Una vez la dirección de recursos humanos ha evaluado el trabajo, podrá tomar las decisiones oportunas para corregir las desviaciones que hagan peligrar los objetivos de la empresa.

La motivación de los trabajadores

La dirección de la empresa ha de conseguir que las personas realicen las actividades previstas de forma óptima. Para ello, es necesario que estén motivadas.

Podemos preguntarnos, ¿cuándo una persona se encuentra motivada para hacer algo?

Podemos afirmar que una persona se encuentra motivada para hacer algo cuando le sirve para satisfacer o cubrir necesidades, tanto necesidades fisiológicas, como de seguridad, sociales, de aprecio y de autorrealización.

La dirección de la empresa debe realizar las acciones oportunas para conseguir tener a sus trabajadores motivados, ya que, lógicamente, se obtiene un rendimiento mucho mayor. Principalmente debe:

— hacer que la remuneración y la promoción se correspondan con los méritos;
— reconocer a los trabajadores sus méritos y progresos; es importante que el trabajador perciba que su tarea es importante y que la realiza correctamente;
— delegar autoridad y responsabilidad; se trata de que el trabajador tenga cierta autonomía para planificar su trabajo y controlar, por sí mismo, sus propios resultados;
— hacer participar al trabajador en las decisiones que conciernen a su trabajo, ya que así estará más comprometido;
— formar al personal: el trabajador percibe que el factor humano es importante para la empresa.

En conclusión, existen muchos factores motivacionales, aparte del dinero, y lo esencial es que el trabajador perciba que si colabora con la empresa para cumplir sus objetivos, él también puede salir beneficiado, gracias al mantenimiento del puesto de trabajo, promoción, aumento de sueldo, reconocimiento, etc.

Retribución e incentivos

El factor más importante que influye en el rendimiento de los trabajadores es la remuneración o retribución del trabajo. Nos referimos básicamente al salario.

Para la empresa, los salarios representan un coste que tratará de minimizarlo. Esta minimización tendrá unos límites, ya que los salarios deben:

— ser suficientes para cubrir las necesidades mínimas de los trabajadores y su familia;
— estar relacionados con el puesto de trabajo desempeñado;
— ser similares a las empresas del mismo sector y zona para evitar una rotación constante del personal (en caso de ser más bajos), por los problemas de integración, formación, etc., que conlleva.

Como principales sistemas de fijación de salarios tenemos:

a) Salario por tiempo fijo. El trabajador recibe una cantidad fija por periodo de tiempo con independencia de la producción obtenida. Este sistema tiene la desventaja de que no ofrece ningún incentivo a la productividad.

b) Sistema de remuneración por incentivos. Es un sistema basado en la productividad de la mano de obra. Tienen como objeto motivar al trabajador, recompensándole por un aumento en el rendimiento (ya que ha aumentado la producción o se ha producido un ahorro de tiempo).

```
                              ┌─────────────┐
                         ──►  │ Salario por │
                        │     │ tiempo fijo │
                        │     └─────────────┘
   ┌──────────────┐     │
   │ Fijación de  │─────┤
   │   salarios   │     │
   └──────────────┘     │     ┌─────────────┐
                        │     │ Sistema de  │
                         ──►  │ remuneración│
                              │ por incentivos│
                              └─────────────┘
```

El salario estará formado por una cantidad fija denominada salario base y por una prima (en función de la productividad) que puede ser individual o colectiva.

La elección del sistema dependerá, básicamente, del trabajo a realizar: por ejemplo, en trabajos en que interese más la calidad que la cantidad, será mejor el primer sistema. Un hecho importante es que el sistema elegido sea comprendido y aceptado por el empleado.

La gestión medioambiental

En este capítulo vamos a desarrollar cómo debe actuar la empresa en materia medioambiental, de forma que cumpla con la legislación vigente y tenga una imagen ecológica que puede provocar importantes beneficios (incrementos de las ventas), así como reducciones en los costes (menores consumos de energía, menor importe de las pólizas de seguros contra riesgos medioambientales, etc.). Veremos como se puede implantar un sistema de gestión medioambiental (SIGMA) y cómo podemos asegurarnos que el sistema es eficaz.

La empresa y el medio ambiente

El medio ambiente es la fuente de recursos que abastece al ser humano de las materias primas y energía que necesita para su subsistencia y desarrollo. Sólo una parte de dichos recursos son renovables, por lo que a las empresas se les exige un comportamiento que garantice la satisfacción de las necesidades actuales sin comprometer los recursos de las generaciones futuras.

Por lo tanto, las empresas deben asumir su responsabilidad medioambiental y realizar un esfuerzo en el ámbito organizativo, similar al que realizan las personas con conciencia ecológica, y que ha de basarse en un cambio de mentalidad de todos los miembros de la organización.

Existen varias razones que llevan a una empresa a adoptar una actitud ecológicamente correcta:

— existen diversas leyes, disposiciones, etc., cuyo incumplimiento puede provocar fuertes sanciones, tal y como veremos más adelante;
— se mejora la imagen y la credibilidad de la empresa y, en consecuencia, sus ventas (hay que tener en cuenta que cada vez los productos más aceptados son los productos «verdes», que respetan el medio ambiente);
— se reducen gastos en consumo de energía, materias primas, etc.;
— se reducen las pólizas de seguros contra riesgos medioambientales, pues las empresas que tienen una imagen ecológica y que no han sufrido percances medioambientales podrán contratar pólizas de seguro en mejores condiciones;
— se mejoran las relaciones con la comunidad y con las administraciones públicas;
— se reducen las demandas y los pleitos.

Por el contrario, la empresa, para evitar un mal comportamiento medioambiental y cumplir con su responsabilidad, ha de incurrir en una serie de gastos, siendo los siguientes los principales:

— costes de evaluación de riesgos ecológicos, auditorías medioambientales, etc.;
— costes de formación del personal por lo que se refiere a los criterios de producción medioambiental;
— costes de implantación del sistema de gestión medioambiental (nos referimos a inversión de bienes de equipo, gastos de funcionamiento, de consultoría, etc.).

En general, una empresa puede adoptar varias actitudes medioambientales lo que provocará que tenga una imagen externa u otra (imagen «verde» o «gris»). De ahí la importancia de la estrategia medioambiental que adopte la empresa. Básicamente, la empresa puede adoptar una de las cuatro actitudes siguientes:

Actitudes medioambientales
Atrasada
Penalizada
Conformista
Líder

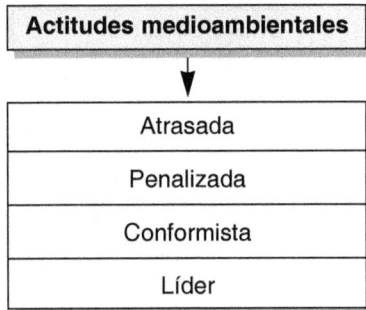

a) *Atrasada.* La empresa no gasta ni invierte en medio ambiente, por lo que su imagen será «gris» y antiecológica y perderá credibilidad y cuota de mercado en favor de las empresas con imagen más ecológica. Además puede incurrir fácilmente en ilegalidades y en altos costes por demandas y pleitos.

b) *Penalizada.* La empresa se ha adaptado pero con retraso. Es castigada por las administraciones públicas y por el mercado.

c) *Conformista.* La empresa pretende estar dentro de la legalidad y dar una imagen verde, pero gastando lo mínimo.

d) *Líder.* La empresa invierte en proyectos medioambientales de alto coste y tiene una imagen de defensora de los valores ecológicos con las ventajas que ello conlleva en el ámbito de ventas.

Lo idóneo sería que todas las empresas adoptaran esta última actitud y así tuvieran un grado de concienciación ecológica alto, que asumieran su responsabilidad social, y no que lo hicieran por las presiones legales y sociales que existen.

El impacto y la responsabilidad medioambiental

El impacto de un proyecto o actividad sobre el medio ambiente es la diferencia entre la situación de este en el futuro, tal como se ma-

```
┌─────────────────────────────┐
│       Situación inicial      │
└─────────────────────────────┘
        │                 │
        ▼                 ▼
┌──────────────┐  ┌──────────────┐
│ Situación final│  │ Situación final│
│ sin actuación │  │ con actuación │
└──────────────┘  └──────────────┘
        │                 │
        ▼                 ▼
┌─────────────────────────────┐
│    Impacto medioambiental    │
└─────────────────────────────┘
```

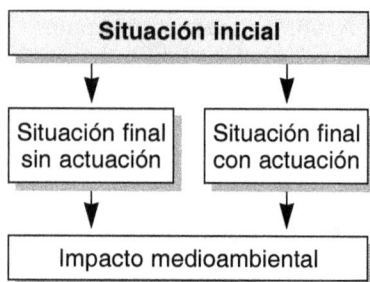

nifestaría como consecuencia de la realización del mismo, y su situación tal como hubiera evolucionado normalmente sin tal actuación.

Es evidente que el impacto medioambiental tendrá mayor o menor importancia dependiendo de si es positivo o negativo, de su intensidad, de si tiene un efecto temporal o permanente, de si es reversible o irreversible, etc. Como ejemplos de impactos medioambientales, podemos citar reforestaciones, accidentes con mercancías peligrosas, contaminaciones por vertidos, etc.

Cuando una empresa quiere llevar a cabo un proyecto o actividad que pueda tener impacto en el medio ambiente, debe ponerlo en conocimiento de la administración pública competente para que lo evalúe. Una vez realizada dicha evaluación, la administración aceptará, rechazará o modificará el proyecto que la empresa quiere llevar a cabo. Este hecho es importante porque tanto la empresa como sus propietarios, administradores o directivos pueden incurrir en diversos tipos de responsabilidad medioambiental tanto por acción como por omisión. Nos referimos a las siguientes responsabilidades:

a) Administrativa. Las administraciones públicas realizan inspecciones medioambientales, que pueden conllevar unas sanciones económicas importantísimas.

b) Civil. Puede recaer sobre la empresa o bien sobre sus administradores.

```
┌─────────────────────────┐
│    Responsabilidad      │
│    medioambiental       │
└─────────────────────────┘
     │        │        │
     ▼        ▼        ▼
┌──────────┐ ┌─────┐ ┌───────┐
│Administra-│ │Civil│ │ Penal │
│   tiva    │ │     │ │       │
└──────────┘ └─────┘ └───────┘
```

c) Penal. No imputable a la empresa sino a sus administradores. Puede haber pena de prisión por delitos ecológicos si se demuestran consecuencias graves para la salud pública o el medio ambiente.

El sistema de gestión medioambiental (SIGMA)

Como hemos visto, es necesario que la empresa otorgue al medio ambiente la importancia que se merece, por lo que es conveniente implantar un sistema de gestión del medio ambiente dentro de la empresa.

El sistema de gestión medioambiental es la parte del sistema general de gestión de la organización que define la política medioambiental y que incluye la estructura organizativa, las responsabilidades, los procedimientos y los recursos para llevar a cabo dicha política. Debería introducirse en todo el tejido organizativo y ser asimilado por todo el personal.

El objetivo final del SIGMA es la mejora del comportamiento medioambiental de la empresa. Para ello el SIGMA debe:

— identificar y valorar los efectos medioambientales de los productos, servicios y actividades tanto actuales como futuros de la empresa para conocer si hay productos o actividades que no cumplen con todos los requisitos medioambientales;
— identificar y evaluar los efectos medioambientales que se podrían producir en caso de accidentes;

— recopilar y aplicar la normativa medioambiental, tanto la normativa general como la específica del sector en que se encuentra la empresa;
— permitir la adopción de prioridades y la definición de los objetivos medioambientales;
— posibilitar la planificación, control, supervisión, auditoría para asegurar que la política medioambiental se cumple.

Implantación de un SIGMA

Todas las empresas, con independencia de su tamaño y actividad, deben seguir una serie de etapas si quieren implantar un SIGMA. Hay que proceder siguiendo unos pasos determinados.

REVISIÓN MEDIOAMBIENTAL INICIAL

La empresa debe conocer en qué posición medioambiental se encuentra, cuáles son sus puntos fuertes y débiles, qué legislación debe cumplir y empezar a fijar sus objetivos.

ESTABLECER LAS ESTRATEGIAS, POLÍTICAS Y OBJETIVOS MEDIOAMBIENTALES

La alta dirección debe elaborar una estrategia medioambiental donde se recojan las líneas de pensamiento y actuación de la organización en materia medioambiental. Lo idóneo sería que la empresa adoptara una actitud de *líder*, con el fin de obtener una imagen defensora del medio ambiente.

La política medioambiental se materializará en una declaración de intenciones y de actuaciones que deberá cumplir con todos los requisitos medioambientales legales y con la estrategia medioambiental adoptada. Es conveniente que esta política se actualice periódicamente.

En función de dicha política fijaremos los objetivos medioambientales concretos.

A título de ejemplo podemos nombrar:

— reducción de la contaminación acústica;
— reducción del consumo de recursos;
— disminución o eliminación de residuos;
— disminución de emisiones contaminantes sólidas, líquidas o gaseosas;
— aumentar el uso de productos reciclados.

REPARTIR LAS RESPONSABILIDADES EN LA ORGANIZACIÓN

Las responsabilidades que adopte la empresa lógicamente afectarán a todos los niveles de organización de muy diversa manera. A grandes rasgos, los cometidos de cada sección serán los siguientes:

a) *Alta dirección*. Debe desarrollar, revisar y hacer cumplir la política medioambiental. Puede apoyarse en los servicios de una consultoría especializada en medio ambiente.

b) *Unidad de gestión medioambiental*. Adjunta a la dirección, tendrá como principal responsabilidad el aseguramiento del cumplimiento de la legislación medioambiental.

c) *Departamento financiero*. Debe conocer e informar cuantitativamente de los costes y beneficios de la gestión medioambiental, así como estar informados de las subvenciones y ayudas que se concedan en materia medioambiental.

d) *Departamento de recursos humanos*. Será responsable de la formación medioambiental del personal. Tendrá en cuenta las sugerencias del mismo.

e) *Departamento de márketing*. Realizará campañas para dar a conocer la actitud ecológica de la empresa.

f) *Resto de departamentos*. Asumirán el desarrollo y ejecución del SIGMA en el ámbito de sus responsabilidades.

ESTABLECER EL PROGRAMA MEDIOAMBIENTAL

Contendrá la asignación de responsabilidades, los medios disponibles, las etapas y plazos de implantación del sistema. Se puede establecer un programa por cada área de la organización (producción, ventas, etc.).

REALIZAR EL MANUAL DE GESTIÓN MEDIOAMBIENTAL

Es el documento básico de consulta y referencia permanente para cualquier empleado. Deberá contener instrucciones muy concretas para la implantación y mantenimiento del SIGMA y deberá estar redactado de forma clara y sencilla para su perfecta comprensión. Las funciones del manual son:

— presentar de manera comprensible la política, objetivos y programas medioambientales de la empresa;
— documentar las funciones y responsabilidades;
— explicar detalladamente los procedimientos que han de aplicarse según las circunstancias.

ELABORACIÓN DE REGISTROS E INFORMES

A partir de los registros medioambientales que se hayan ido realizando, se elaborará una serie de informes para ver si se cumplen las expectativas y para controlar las actuaciones de todos los miembros de la organización, etc., que permitirán obtener conclusiones y realizar los cambios oportunos.

La auditoría medioambiental

En ocasiones, la empresa, para asegurarse de que el sistema de gestión medioambiental que ha implantado es adecuado y que además

```
┌─────────────────────────────────┐
│   Implantación de un SIGMA      │
└─────────────────────────────────┘
                 ↓
┌─────────────────────────────────┐
│        Revisión inicial         │
└─────────────────────────────────┘
                 ↓
┌─────────────────────────────────┐
│  Estrategias políticas y objetivos │
└─────────────────────────────────┘
                 ↓
┌─────────────────────────────────┐
│       Responsabilidades         │
└─────────────────────────────────┘
                 ↓
┌─────────────────────────────────┐
│           Programa              │
└─────────────────────────────────┘
                 ↓
┌─────────────────────────────────┐
│            Manual               │
└─────────────────────────────────┘
                 ↓
┌─────────────────────────────────┐
│      Registros e informes       │
└─────────────────────────────────┘
                 ↓
┌─────────────────────────────────┐
│           Control               │
└─────────────────────────────────┘
```

cumple con la legislación, encarga una auditoría medioambiental. Esta auditoría consiste en una evaluación sistemática, documentada y objetiva que se realiza para determinar si el comportamiento medioambiental de la empresa cumple las disposiciones legales y si el sistema de gestión medioambiental es eficaz para alcanzar los objetivos medioambientales de la empresa. Las auditorías medioambientales son realizadas por auditores independientes de la empresa y tienen como principales funciones las siguientes:

— identificar los riesgos de accidentes, así como sus consecuencias;
— identificar los ahorros de coste; es decir, ver qué ventajas ha conllevado la implantación del SIGMA;

— aumentar la credibilidad ecológica de la empresa ante terceros (accionistas, bancos, consumidores, etc.); el hecho de estar auditados es una garantía para los entes externos a la empresa;
— comprobar el funcionamiento del SIGMA para subsanar los errores en caso de que los haya; en definitiva, se trata de verificar cómo se puede mejorar;
— aumentar el conocimiento y concienciación de los empleados.

Las auditorías medioambientales pueden tener un alcance total o parcial. Podemos, por ejemplo, solicitar que nos auditen si nuestros proveedores tienen una actitud ecológica correcta, o cuál sería el impacto de una actividad específica, o verificar exclusivamente si respetamos la normativa vigente, etc., que sería el caso de una auditoría parcial.

Las conclusiones a las que lleguen los auditores, así como las recomendaciones oportunas, se plasmarán en el informe de la auditoría.

La gestión de la calidad

E ste capítulo está dedicado al tema de la calidad que, como vamos a ver, ha pasado a tener una importancia fundamental no sólo para que la empresa sea competitiva en el mercado, sino incluso para su supervivencia. Este hecho ha provocado que sea necesario pasar de un simple control de la calidad a gestionar la misma. Bajo esta premisa, veremos cómo se gestiona la calidad de forma que esté garantizada, y cómo podemos utilizarla de forma estratégica.

Evolución del concepto de calidad

El concepto de calidad ha estado presente desde tiempos remotos, ya que siempre ha existido la preocupación por obtener unos resultados satisfactorios, si bien nos encontramos ante un concepto que ha ido evolucionando notablemente a lo largo del tiempo.

Hubo una época en que la calidad se basaba exclusivamente en la supervisión, consistente en revisar el 100 % de los productos terminados, sin prestar especial atención a los procesos o a los materiales empleados.

Posteriormente, debido a fuertes aumentos de la producción, se hizo imposible continuar con el sistema anterior y se empezó a aplicar los primeros métodos estadísticos para controlar la calidad. Estos métodos permitieron acotar los niveles de error sin inspeccionar el 100 % de la producción, reduciéndose los costes de supervisión.

Más tarde se comenzó a poner énfasis en la revisión, no sólo de los productos terminados sino también en las materias primas empleadas y en los procesos de fabricación; surgieron así los manuales de calidad, que establecieron las formas de realizar los trabajos para adaptarse a las normas sobre calidad que la empresa hubiese establecido. Se trataba de llegar al aseguramiento de la calidad, es decir, de garantizar que el producto cumplía correctamente con su función durante su vida útil.

Finalmente, se ha dado un enfoque más humano en los sistemas para obtener calidad, llegando al sistema de calidad total, en el que, como veremos más adelante, todos los integrantes de la empresa, con independencia del puesto que ocupen, están implicados. Como vamos a ver, este sistema de gestión de la calidad persigue básicamente la satisfacción del cliente.

Calidad total

Como todos sabemos, para las empresas, los clientes tienen una importancia fundamental, ya que son los que permiten a las mismas su supervivencia y desarrollo al adquirir sus productos y servicios. Este factor, junto al hecho de la fuerte competencia existente en los mercados, ha permitido a los clientes ser más exigentes con las empresas y, consecuentemente, ha obligado a sus directivos a conocer y valorar las necesidades de sus clientes, adecuando la oferta de sus productos a esas necesidades, con el objetivo primordial de tener a sus clientes satisfechos. Para cumplir este fin, la empresa debe investigar el grado de satisfacción o insatisfacción de los clientes y comprobar cuáles son las causas de la misma; lo puede hacer a través de encuestas, de entrevistas, tanto a clientes como a empleados, de las reclamaciones o quejas de los clientes, etc.

Queda claro, por lo tanto, que para la empresa el cliente tiene una importancia máxima, por lo que es lógico que se deba procurar que esté siempre satisfecho; para esto necesitamos producir bienes o prestar servicios con la calidad requerida. Es decir, hay que elaborar los productos con las características exigidas por los clientes.

Esto nos lleva a que la calidad no debe sólo controlarse sino que también debe gestionarse. El método de gestión de la calidad más extendido es el método conocido como calidad total. Lo definimos como un proceso de gestión integral de todas las actividades de la empresa para satisfacer con eficiencia económica las expectativas o requerimientos de los clientes. Es decir, se trata de extender la calidad a todos los estamentos de la empresa y conseguir la calidad requerida por los clientes con el mínimo coste posible.

El sistema de gestión de calidad total se fomenta en los siguientes preceptos e ideas:

a) La calidad es cosa de todos. Todos los integrantes de la empresa, con independencia del puesto que ocupen, han de estar implicados en los objetivos de calidad, es decir, todos son y han de sentirse responsables, desde la secretaria que atiende las llamadas hasta el director general.

b) Se trata de evitar errores, prestando especial atención a la prevención, por lo que se intenta que las tareas se realicen correctamente y a la primera.

c) Hay que considerar a cada empleado de departamento como un proveedor y cliente de otros en el seno de la empresa (cliente interno). Por ejemplo, el departamento de producción es cliente del departamento de compras.

d) La calidad no sólo abarca a las funciones productivas sino que debe estar presente en todas las actividades de la empresa y, especialmente, en las funciones directivas.

e) Hay que buscar una mejora continua en la calidad. Los niveles de calidad obtenidos siempre pueden ser mejorados; para ello, se debe atender cualquier iniciativa de mejora, con independencia de quien la genere. El hecho de contar empleados formados, participativos y motivados puede ser una importante ventaja competitiva respecto a otras empresas. Es decir, es importante que los empleados informen sobre las quejas de los clientes, sobre nuevas necesidades y deseos de los consumidores, etc.

Resumiendo, la calidad total depende de un sistema de gestión que busca primordialmente la satisfacción de los clientes mediante la participación de todos los estamentos de la empresa y teniendo siempre presente la idea de mejora continua.

El aseguramiento de la calidad

Queda claro que las empresas deben ofrecer unos productos con el nivel de calidad requerido por los clientes, ya que es la única garantía para conseguir clientes fieles y poder ser así competitivos en el mercado. Para esto, la empresa debe implantar un sistema de gestión de la calidad, como por ejemplo el sistema de calidad total visto anteriormente, que la garantice.

Nos podemos preguntar: ¿cuándo una empresa asegura la calidad? Diremos que una empresa asegura la calidad cuando es capaz de cumplir siempre los requisitos acordados con sus clientes. Lo que queremos decir es que cuando un cliente nos compra un producto, espera recibir unas prestaciones y nosotros hemos de ser capaces de ofrecérselas todas, tanto en las características del producto como en la vigencia del mismo.

Por lo tanto, podemos afirmar que el aseguramiento de la calidad es algo más que un control de la calidad. Es un sistema de gestión que pretende que se cumplan los requisitos de calidad exigidos por los clientes mediante la prevención de errores que podrían aparecer en cualquier fase del proceso de producción. Al tratar que se eviten errores antes de que se cometan, este sistema es algo más que un simple control de calidad, cuyo objetivo es la detección de errores ya cometidos.

Las empresas pueden desarrollar e implantar el sistema de aseguramiento de la calidad que consideren apropiado, pero si desean utilizar al mismo como arma estratégica o comercial es necesario poder demostrar ante terceros la existencia y eficacia del mismo. Para esto, es necesario exponer por escrito el sistema de aseguramiento de la calidad que ha implantado para que pueda ser certificado por una entidad autorizada y ser utilizado de forma estratégica.

Nacen, bajo este concepto, las normas ISO (International Standard Organization), que tratan de homogeneizar internacionalmente las normas sobre calidad, fijando los requisitos que ha de tener un sistema de calidad para que sea efectivo y pueda ser posteriormente certificado.

Como vamos a ver, se han desarrollado varias normas ISO y la empresa aplicará unas u otras en función de la amplitud de las actividades desarrolladas por la empresa. Vamos a ver el contenido de las principales normas ISO para su conocimiento:

— norma ISO 9000: es la guía para aplicar el resto de normas de la serie;
— norma ISO 9001: hace referencia al conjunto de operaciones relativas al diseño, desarrollo, producción, instalación, ensayos y servicio postventa de la empresa;
— norma ISO 9002: hace referencia al conjunto de operaciones descritas en la norma ISO 9001, exceptuando el diseño y desarrollo;
— norma ISO 9003: hace referencia a las operaciones de inspección y ensayos finales;
— norma ISO 9004: describe la forma de implantar un sistema de gestión de la calidad.

Diseño e implantación de un sistema de calidad

Cuando una empresa se plantea diseñar un sistema de calidad, es conveniente que lo haga considerando los requisitos que establecen las normas ISO, así como las características de la empresa y del sector en que esta opera.

Lógicamente, para implantar y poder demostrar la existencia de un sistema de calidad en la empresa, debemos definir y exponer por escrito la organización del sistema, qué actividades engloba y cómo se van realizar dichas actividades. Es decir, se trata de formalizar los llamados *documentos de un sistema de calidad* que tienen la finalidad de identificar las responsabilidades, así como de marcar la forma de hacer las cosas. Los documentos más importantes son:

— *manual de calidad:* describe el sistema de calidad, explica su organización y cuáles son las medidas tomadas para asegurar la calidad de los productos;
— *procedimientos e instrucciones de trabajo:* informan a los empleados cómo han de desarrollar sus actividades;
— *registros:* se trata de documentos que informan de los resultados obtenidos y serán básicos para comprobar si el sistema es efectivo o no, lo que permitirá tomar las medidas correctoras oportunas, en caso de que sean necesarias.

Certificación del sistema de calidad

Una vez implantado el sistema de calidad, se puede optar por pedir la certificación del mismo, lo que permitirá a la empresa utilizar su sistema de calidad como arma estratégica. La certificación del sistema de calidad consiste en la emisión de un informe que certifique que el sistema cumple con las normas establecidas, es decir, con las normas ISO. Lógicamente, esta certificación la realizarán entidades independientes a la empresa y que han sido acreditadas por los organismos competentes.

La empresa que quiera conseguir un certificado de calidad debe, en primer lugar, solicitar formalmente por escrito el reconocimiento que desea obtener. Posteriormente, la entidad certificadora revisará la solicitud recibida, realizará una visita a las instalaciones de la empresa y comprobará el sistema de calidad descrito en el manual de calidad y en los procedimientos de trabajo. Una vez comprobado esto, emitirá un informe concediendo o denegando la certificación, en función de los resultados obtenidos. En caso de que la certificación haya sido denegada, la empresa puede tomar las acciones correctoras oportunas que le permitan obtener la certificación del sistema.

La certificación obtenida tiene una duración limitada en el tiempo y durante el periodo de validez se realizarán auditorías de seguimiento para verificar que se mantienen las condiciones que permitieron obtener la certificación. Transcurrido el plazo de validez se realizarán auditorías de renovación.

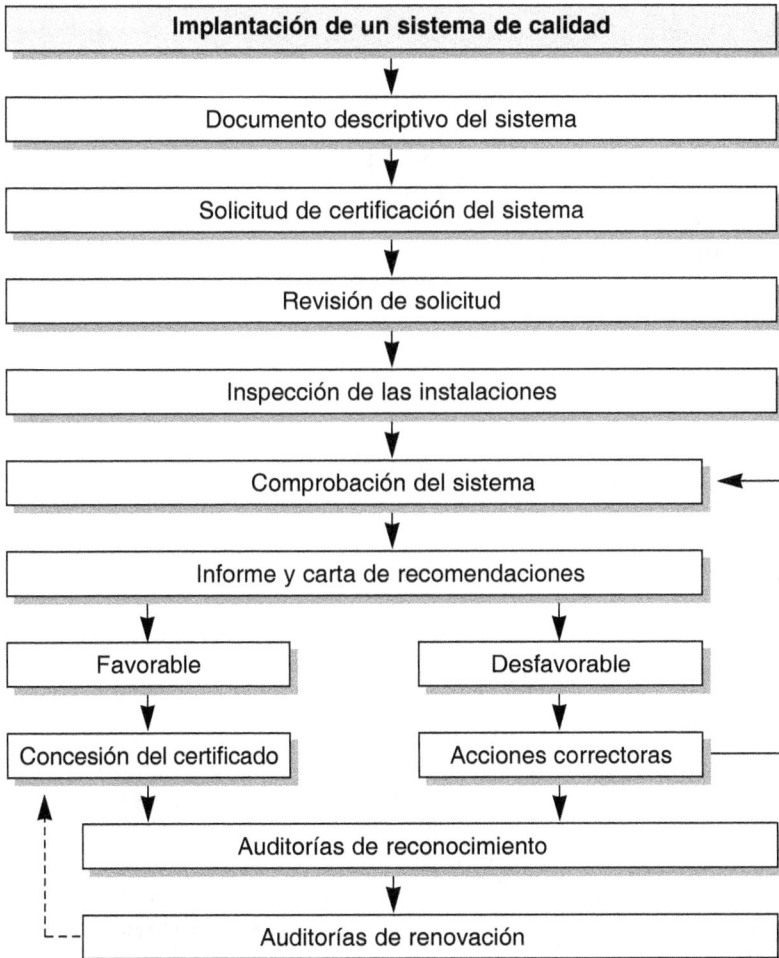

```
┌─────────────────────────────────────────────────┐
│        Implantación de un sistema de calidad      │
└─────────────────────────────────────────────────┘
                        │
                        ▼
┌─────────────────────────────────────────────────┐
│         Documento descriptivo del sistema         │
└─────────────────────────────────────────────────┘
                        │
                        ▼
┌─────────────────────────────────────────────────┐
│        Solicitud de certificación del sistema     │
└─────────────────────────────────────────────────┘
                        │
                        ▼
┌─────────────────────────────────────────────────┐
│              Revisión de solicitud                 │
└─────────────────────────────────────────────────┘
                        │
                        ▼
┌─────────────────────────────────────────────────┐
│          Inspección de las instalaciones          │
└─────────────────────────────────────────────────┘
                        │
                        ▼
┌─────────────────────────────────────────────────┐
│            Comprobación del sistema               │◄──┐
└─────────────────────────────────────────────────┘   │
                        │                              │
                        ▼                              │
┌─────────────────────────────────────────────────┐   │
│        Informe y carta de recomendaciones         │   │
└─────────────────────────────────────────────────┘   │
          │                         │                  │
          ▼                         ▼                  │
┌──────────────────┐      ┌──────────────────┐         │
│    Favorable     │      │   Desfavorable   │         │
└──────────────────┘      └──────────────────┘         │
          │                         │                  │
          ▼                         ▼                  │
┌──────────────────┐      ┌──────────────────┐         │
│   Concesión del  │      │     Acciones     │─────────┘
│    certificado   │      │    correctoras   │
└──────────────────┘      └──────────────────┘
  ▲       │                         │
  │       ▼                         ▼
  │   ┌─────────────────────────────────────────────┐
  │   │        Auditorías de reconocimiento          │
  │   └─────────────────────────────────────────────┘
  │                        │
  │                        ▼
  │   ┌─────────────────────────────────────────────┐
  └ ─ │          Auditorías de renovación            │
      └─────────────────────────────────────────────┘
```

La importancia de obtener este certificado de calidad radica en que otorga a los clientes la confianza de que está comprando un producto de calidad, con los efectos positivos que ello conlleva a la empresa.

Los costes de la calidad

Lógicamente, para que una empresa pueda asegurar y garantizar la calidad de sus productos, ha de incurrir en una serie de costes (de control, de formación, etc.); pero por otro lado la *no-calidad* también lleva aparejada unos costes que pueden ocasionar graves consecuencias, tales como insatisfacción de los clientes, devolución de pedidos, incremento del servicio post-venta, etc.

Los costes de calidad pueden desglosarse en los siguientes:

— costes de conformidad;
— costes de no conformidad.

COSTES DE CONFORMIDAD

Son los producidos para evitar que se ocasionen defectos. Se dividen en:

— costes de prevención;
— costes de detección.

La misión de los costes de prevención es evitar la mala calidad del producto, así como ayudar al empleado a realizar bien su trabajo a la primera. A modo de ejemplo podemos citar los siguientes:

a) Costes de formación y motivación del personal. Se trata de concienciar al trabajador de la importancia de la calidad, haciéndole ver que ofrecer un producto de calidad es responsabilidad de todos los integrantes de la empresa.

b) *Costes de elaboración de procedimientos, normas y manuales operativos (manuales de calidad).* Es importante que los empleados sepan cómo deben realizar sus tareas.

c) *Costes de evaluación de proveedores.* Para poder ofrecer un producto de calidad, es importante que los proveedores sean buenos colaboradores de la empresa, ofreciendo un buen servicio en lo que se refiere a suministros, calidades, condiciones de pago, etc. Por esto, es necesario que haya una evaluación continua de los proveedores de la empresa.

d) *Costes de imputación de programas de mejoras.* Como hemos dicho, la calidad siempre es mejorable por lo que es necesario implantar programas de mejora.

e) *Costes de investigación de mercados (expectativas de clientes).* Consiste en conocer si el producto ofrecido es considerado por los clientes como un producto de calidad.

Los costes de detección sirven para controlar que los productos se han fabricado bien, es decir, con la calidad establecida por la empresa, que ha de ser como mínimo la requerida por los clientes. Como ejemplos de costes de detección tenemos:

a) *Costes de inspección de las recepciones,* por ejemplo, de materias primas y de otros aprovisionamientos. Cuando una empresa recibe las materias primas solicitadas, debe inspeccionarlas, ya que si no tienen la calidad exigida nuestro producto tampoco la tendrá.

b) *Costes de control de los procesos.* Se ha de controlar que todos los procesos de producción se están desarrollando adecuadamente.

c) *Costes de inspección de los productos terminados.* Los productos terminados deben ser inspeccionados antes de ser distribuidos a los intermediarios o a los consumidores.

d) *Costes de realización de ensayos.* En ellos se engloban los costes de todas las pruebas realizadas para simular las condiciones de uso del producto así como su impacto en el mercado.

e) *Costes de investigación de mercados (ámbito de satisfacción del cliente).* Se trata de averiguar si el producto satisface los deseos de los clientes de forma eficaz.

LOS COSTES DE NO CONFORMIDAD

Estos costes se producen a consecuencia de defectos o fallos. Se dividen en costes por anomalías internas y costes por anomalías externas.

Los costes por anomalías internas se producen antes de que el producto haya sido transferido al cliente. Citamos a modo de ejemplo los siguientes:

— los rechazos de productos no conformes;
— las reparaciones;
— las averías de equipos;
— los costes de las horas extraordinarias.

Los costes por anomalías externas, en cambio, aparecen cuando el producto está en poder del cliente. Son, por ejemplo:

— los descuentos para compensar defectos;
— las reclamaciones de clientes;
— las sustituciones de productos defectuosos;
— las garantías;
— las pérdidas de clientes.

La empresa debe intentar de minimizar estos costes. Para ello, la dirección debe controlarlos y tomar las medidas oportunas.

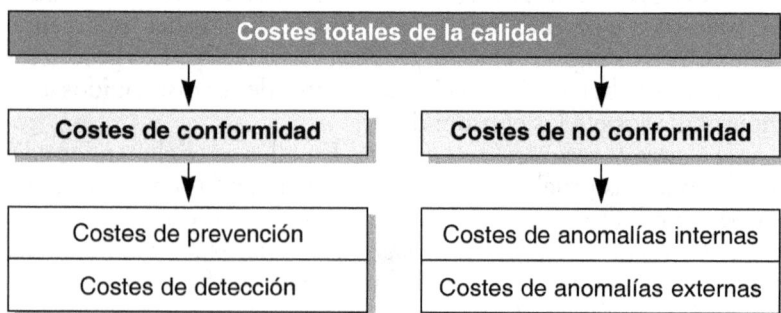

Costes totales de la calidad	
Costes de conformidad	**Costes de no conformidad**
Costes de prevención	Costes de anomalías internas
Costes de detección	Costes de anomalías externas

La empresa ante nuevos retos

Uno de los factores de éxito o fracaso de las empresas es el hecho de estar preparadas para afrontar los cambios que vayan produciéndose. Un ejemplo claro lo tenemos en la preparación que realizaron la mayoría de las empresas para no verse afectadas por el denominado *efecto 2000*. En este aspecto, parece que las pequeñas empresas, al tener una mayor flexibilidad, se adaptan mejor a los cambios, aunque, en la mayoría de ocasiones, no cuenta con el personal especializado de las grandes empresas.

En este capítulo vamos a ver cómo las empresas pueden verse afectadas con la introducción de la moneda única europea.

También veremos la necesidad de las empresas de estar presentes en Internet con el fin de aprovechar sus ventajas y no perder competitividad.

El euro

Como es lógico, la introducción de la moneda única europea va a afectar en alguna medida a todas las empresas, aunque evidentemente habrá algunas en las que apenas va a tener incidencia, mientras que otras se verán muy afectadas por la sustitución de la peseta por el euro. Dependerá del sector donde opera la empresa, de la dependencia de los clientes y proveedores, de la vocación internacional que se tenga, etc.

Por lo tanto, es necesario que la empresa se plantee qué impacto económico le va a suponer la entrada del euro, tanto en el ámbito estratégico como en el operativo. A juzgar por los resultados de las últimas encuestas realizadas, parece que las empresas españolas no tienen excesiva prisa por adecuar su organización al euro, sobre todo las pequeñas y medianas.

Impacto estratégico

Los responsables de las empresas deben realizar una reflexión de carácter estratégico sobre la incidencia que el cambio de la moneda única va a significar. Por ello, deben plantearse algunas cuestiones de gran importancia.

¿CÓMO AFECTARÁ EL EURO A LOS MERCADOS?

Por ejemplo, habrá que plantearse si aumentará la competencia como consecuencia de la transparencia de precios, o si podremos aumentar las exportaciones, etc. En definitiva, la empresa debe saber si se abrirán nuevas oportunidades de negocio, así como el riesgo que conllevará la introducción de la moneda única.

¿CÓMO AFECTARÁ EL EURO A LA ESTRATEGIA FINANCIERA?

Con la nueva moneda será más factible obtener financiación en bancos extranjeros, con lo que será necesario plantearse esta cuestión para ver si se pueden ahorrar costes financieros, etc.

¿CÓMO AFECTARÁ EL EURO A LOS PRODUCTOS?

Se trata de ver si con el euro deberemos revisar nuestros productos, si podemos desarrollar un nuevo producto, etc.

¿Cómo afectará el euro a las compras?

La entrada del euro traerá consigo una mayor transparencia de precios respecto al exterior, por lo que puede ser más interesante plantearnos si conviene comprar a nuevos proveedores extranjeros que nos pueden ofrecer un mejor servicio, condiciones de pago, precios, etc.

Impacto operativo

Parece lógico que la implantación del euro provocará que las empresas tengan que realizar una serie de adaptaciones en algunas de sus áreas:

a) Recursos humanos. El cambio hacia la moneda única implica a todo el personal, en mayor o menor medida y, por lo tanto, todos deben conocer cómo les va a afectar, tanto en el desempeño de sus funciones como en los criterios de conversión empleados para determinar sus nóminas. Es decir, se debe realizar un esfuerzo en formar e informar al personal.

b) Sistemas informáticos. Los sistemas informáticos se verán fuertemente afectados por la introducción del euro. Nos vamos a encontrar con los siguientes problemas:

— la mayoría de los programas informáticos utilizan, en mayor o menor proporción, unidades monetarias, actualmente pesetas, que deberán cambiarse a euros;
— con la nueva moneda vuelven a aparecer los céntimos, por lo que habrá que actualizar la posibilidad de usar decimales, ya que muchas aplicaciones informáticas no permiten su uso,
— habrá que disponer de un convertidor automático para hacer frente a las operaciones que se presenten en euros y deban convertirse en pesetas y viceversa (sobre todo durante el periodo transitorio);
— habrá clientes que soliciten información a las empresas, por ejemplo, facturas, listas de precios, etc., con la indicación «eu-

ros/pesetas», por lo que habrá que contemplar la conveniencia de usar un sistema dual.

Mercadotecnia

Parece evidente que la implantación del euro influirá notablemente en la política comercial de la empresa.

En primer lugar, habrá que transformar todos los precios de pesetas a euros. Esta operación, que parece relativamente sencilla, se complica por el hecho de que los precios en euros tendrán dos decimales y que habrá que redondear el último decimal. Este hecho puede ocasionar problemas, sobre todo en los productos con precios reducidos, en nuestro margen o en nuestra capacidad de competir.

También habrá que ver qué hacer con los precios de los productos a los que aplicamos *precios psicológicos* (por ejemplo, 1.999 pesetas), para que sigan siendo atractivos para los clientes.

Además, el hecho de disponer de una moneda única en todo el mercado europeo supondrá un aumento de la transparencia en los mercados, lo que facilitará la comparación de precios.

Por último, se informará a los clientes de cómo se ha realizado el cambio de pesetas a euros de los productos o servicios.

Aprovisionamientos

La introducción del euro provocará un incremento del número de relaciones comerciales entre los países de la unión europea, ampliándose las posibilidades de aprovisionamiento y transporte de las mercancías, siendo necesario su estudio.

Contabilidad

El cambio a la moneda única traerá consigo un buen número de implicaciones contables, tales como la necesidad de contabilizar los costes del cambio, los efectos del cambio en los saldos que cobrar y pagar, la contabilización de transacciones en moneda extranjera, etc. Además, puede afectar en la valoración de algunos activos fijos, dado que sus vidas útiles se verán revisadas a la baja. Es el caso por ejemplo de máquinas registradoras, equipos informáticos, etc.

Vemos por lo tanto que la introducción del euro puede afectar fuertemente a las empresas, por lo que es aconsejable llevar a cabo acciones de planificación para adaptarse al euro que evite problemas futuros. Esta planificación comprende las siguientes etapas:

a) *Selección del responsable principal del euro.* La persona adecuada para el desempeño de este cargo debe tener un conocimiento general suficiente de las diferentes áreas de la empresa, autoridad para tomar decisiones y dotes para dirigir equipos humanos.

b) *Recopilación de información.* El responsable debe recoger la información que le permita conocer el marco general del proceso de introducción del euro.

c) *Comunicaciones.* Hay que prever un sistema de comunicación de la información relevante a los responsables de las diferentes áreas funcionales. El objetivo es que cada responsable pueda, a partir de la información facilitada, empezar a trabajar en los impactos que el euro va a traer dentro de su área de responsabilidad.

d) *Identificación del impacto del euro en las diferentes áreas.* Es imprescindible realizar un estudio para sondear las consecuencias de la implantación de la nueva moneda.

e) *Elaboración de una estrategia global.* Es necesario que la empresa prevea una serie de cambios de las estrategias de gestión, producción y comercialización antes del advenimiento del euro.

f) *Informar al personal afectado de los cambios y acciones que deban llevarse a cabo.* Deben estar perfectamente definidas las acciones a desarrollar, así como los plazos.

g) *Implantación de las acciones.* Lógicamente, se debe controlar que todo se desarrolle tal y como se había previsto.

```
┌─────────────────────────────┐
│     Selección responsable   │
└─────────────────────────────┘
              │
              ▼
┌─────────────────────────────┐
│ Recopilación de la información │
└─────────────────────────────┘
              │
              ▼
┌─────────────────────────────┐
│      Comunicación al resto   │
│       de responsables        │
└─────────────────────────────┘
              │
              ▼
┌─────────────────────────────┐
│   Identificación del impacto │
└─────────────────────────────┘
              │
              ▼
┌─────────────────────────────┐
│      Estrategia global       │
└─────────────────────────────┘
              │
              ▼
┌─────────────────────────────┐
│    Información al personal   │
└─────────────────────────────┘
              │
              ▼
┌─────────────────────────────┐
│  Implantación de las acciones │
└─────────────────────────────┘
```

Internet

Cada vez es más frecuente encontrar en los medios de comunicación anuncios en los que se incluyen direcciones de páginas web, por lo que vemos que Internet y su crecimiento están de actualidad. En este apartado veremos cómo una empresa puede tener presencia en la red, así como sus ventajas.

Lo primero que cabe preguntarse es: ¿qué es Internet?, ¿qué ventajas presenta?

Internet es una red de ordenadores conectados entre sí por diferentes medios (satélite, cable, fibra óptica o red telefónica). Si desde uno de estos ordenadores se pide información a otro, esta solicitud se transmite a través de la red, de ordenador en ordenador hasta llegar a su destino. Allí se procesa la información y la respuesta se envía, del mismo modo, al punto de solicitud en cuestión de segundos.

Como es sabido, Internet es una red de ámbito mundial, de acceso libre, con unas posibilidades innumerables en todos los aspectos, sobre todo en el comercial, ya que no hay ni límites de horario ni límites geográficos.

Además, dispone de un servicio de correos conocido como *e-mail*. Cualquier empresa que tenga una dirección de correo electrónico, puede enviar y recibir mensajes a través de la red.

Este sistema presenta una serie de ventajas en comparación con los medios de comunicación tradicionales como son: la rapidez, tarda apenas unos segundos; la fiabilidad, ya que si el mensaje no llega a su destino nos avisa; el precio, ya que es bastante económico; el hecho de poder enviar información elaborada (bases de datos, hojas de cálculo, etc.) y la flexibilidad en cuanto a horarios, tanto para el que envía el mensaje como para el que lo recibe.

Presencia de las empresas en Internet

Queda claro que debido a la creciente importancia de Internet, es necesario para las empresas estar presentes en la red y aprovechar sus ventajas.

Para ello habrá que programar y diseñar una página a nombre de la empresa, denominada *página web*. La programación de esta página es uno de los puntos más importantes puesto que el éxito de la página dependerá en gran medida de lo funcional y atractiva que sea. Es conveniente que contenga un diseño sencillo, con una información precisa y fácil de localizar.

El principal contenido que debe tener una página web es:

— información general de la empresa o del servicio que ofrecemos;
— sistemas de búsqueda de información de nuestras páginas;
— bases de datos;

— formularios, a través de los cuales podamos disponer de información sobre sugerencias del cliente, etc.

La principal ventaja de contar con una página web es que es un método de publicidad con un coste mucho menor que el de cualquier medio tradicional (televisión, prensa), por lo que se igualan las posibilidades de las grandes empresas con las pequeñas y medianas empresas. Además es perfectamente controlable, ya que se puede conocer en todo momento el número de personas que acceden a la página, de dónde proceden y qué partes de la página resultan más atractivas.

Vemos, por lo tanto, que es aconsejable que las empresas que no tengan todavía presencia en Internet se lo planteen y aprovechen las ventajas que ofrece la red.

Glosario

Actividad comercial. Conjunto de actividades necesarias para dirigir el producto elaborado por la empresa al mercado.

Activo. Conjunto de bienes y derechos que ha obtenido la empresa a través de las inversiones realizadas y que determinan la estructura económica de la empresa.

Activo circulante. Conjunto de bienes y derechos que no permanecen en la empresa, sino que circulan por ella y son reemplazados por otros en un corto plazo de tiempo.

Activo fijo. Conjunto de bienes y derechos de la empresa que permanecen en la misma durante un periodo prolongado de tiempo.

Aprovisionamiento. Proceso que consiste en establecer una serie de previsiones sobre las necesidades de ciertos factores, proceder a las adquisiciones de los mismos, asegurarse de que se reciben correctamente y almacenarlos adecuadamente para cuando sean necesarios.

Aseguramiento de la calidad. Sistema de gestión que pretende lograr cumplir con los requisitos de calidad requeridos por los clientes durante la vida útil del producto, mediante la prevención de errores.

Auditoría medioambiental. Evaluación sistemática, documentada y objetiva realizada por expertos independientes para verificar si el SIGMA es eficaz y si el comportamiento medioambiental de la empresa cumple con la legislación vigente.

Autofinanciación. Financiación formada por los beneficios obtenidos a lo largo del tiempo y que no se han repartido.

Balance de situación. Documento financiero que refleja todas las inversiones realizadas así como las fuentes de financiación a las que se ha recurrido para llevarlas a cabo.

Bien. Producto elaborado por la empresa, destinado al mercado y susceptible de ser almacenado.

Calidad. Cumplir con los requisitos del cliente.

Calidad total. Método de gestión de la calidad, consistente en un proceso de capitales permanentes.

Certificación del sistema de calidad. Emisión de un informe realizado por entidades independientes que certifica que el sistema cumple con las normas ISO.

Cliente interno. Consideración de cada empleado o departamento de la empresa como proveedor y cliente de los demás.

Control. Comparación de los resultados reales con los previstos.

Costes de la calidad. Costes para garantizar la calidad de sus productos.

Costes directos. Costes imputables por mantener una relación directa con el producto o departamento que los ha ocasionado.

Costes estándares. Costes previstos de producción.

Costes fijos. Costes en que incurre la empresa y que no dependen de la cantidad producida.

Costes indirectos. Costes comunes a varios productos o departamentos que se reparten siguiendo algún criterio de imputación.

Costes de la no calidad. Costes por no tener un control de calidad.

Costes de posesión o costes de almacenamiento. Costes en que incurre la empresa por el hecho de tener almacenadas las existencias.

Costes variables. Costes que dependen de la cantidad producida.

Crédito comercial. Financiación proveniente del aplazamiento de los pagos a los proveedores.

Descuento de letras. Procedimiento por el que una entidad financiera anticipa a la empresa el abono de los créditos que esta tiene sobre sus clientes, documentados mediante letras de cambio.

Desviación. Diferencia entre los resultados reales y los previstos.

Desviación económica. Diferencia entre el precio real de los factores de producción utilizados y el precio previsto.

Desviación técnica. Diferencia entre las cantidades utilizadas y las que hubieran correspondido a la producción real.

Distribución. Conjunto de actividades y decisiones para que lleguen los productos o servicios a sus destinatarios finales.

Economía de escala. Reducción de costes medios de producción.

Empresa. Sistema en el que se coordinan factores de producción, financiación y comerciales (márketing) para obtener sus fines.

Empréstitos. Préstamos divididos en muchas partes proporcionales a las que se denomina *obligaciones*, *bonos*, etc.

Entorno. Elementos externos a la empresa que condicionan su actuación.

Entorno específico. Elementos que condicionan a una empresa de forma individualizada o a las empresas de un sector determinado.

Estrategias y opciones. Acciones que se pueden adoptar en una determinada situación para alcanzar los objetivos deseados.

Evaluación del trabajo. Comparación entre el rendimiento de los trabajadores y los niveles fijados por la empresa.

Existencia, inventarios o stocks. Materiales o productos acumulados en los almacenes para ser utilizados en el proceso productivo o vendido a los clientes.

Factoring. Contrato por el que una empresa encomienda el cobro de sus facturas y efectos a otra empresa.

Flujos de caja de una inversión. Diferencia entre los cobros generados por la inversión y los pagos que la inversión requiere en un determinado momento.

Fondo de maniobra o de rotación. Diferencia entre los capitales permanentes y el activo fijo, o entre el activo circulante y el pasivo a corto plazo.

Formación. Programas destinados a los empleados de la empresa que tienen como objetivo básico enseñar a los empleados a desarrollar sus tareas de una forma satisfactoria.

Identificación del producto. Características del producto que permiten identificarlo y diferenciarlo del resto.

Impacto medioambiental. Alteración en el medio ambiente debido al desarrollo de una acción o actividad concreta.

Inputs. Factores de producción que entran en la empresa.

Inversión. Adquisición de bienes y servicios realizadas por la empresa para poder desarrollar su actividad.

Inversión financiera. Adquisición de activos de carácter financiero como las obligaciones, las acciones, los pagarés, etc.

Just in time. Método de gestión de existencias consistente en minimizar las existencias, llegando prácticamente a anularlas.

Leasing. Contrato de arrendamiento entre una sociedad (arrendador) y una empresa (arrendataria), por el cual, el arrendador se compromete a poner a disposición del arrendatario un determinado bien, objeto del contrato, a cambio del pago de un alquiler.

Localización empresarial. Elección del lugar para la instalación de la empresa o parte de ella.

Lote económico de pedido. Cantidad que la empresa pide a sus proveedores para que el coste de aprovisionamiento sea mínimo.

Manual de calidad. Documento que describe el sistema de calidad, explica su organización y son las medidas aplicadas.

Manual de gestión medioambiental. Documento que contiene instrucciones concretas para la implantación del SIGMA.

Márketing o mercadotecnia. Véase *Actividad comercial.*

Mayoristas. Intermediarios comerciales que adquieren productos para venderlos de nuevo a otros intermediarios comerciales.

Método ABC. División de las existencias en tres categorías, según el número de unidades almacenadas en cada categoría y el importe del capital invertido en las mismas.

Métodos dinámicos de selección de inversiones. Métodos de selección de inversiones que consideran que los capitales tienen distinto valor en función del momento en que se generan.

Métodos estáticos de selección de inversiones. Métodos de selección de inversiones que no tienen en cuenta los distintos valores de los capitales en los diferentes momentos del tiempo.

Minoristas. Intermediarios comerciales que adquieren productos para venderlos a los consumidores finales.

Modelos aleatorios o probabilísticos. Modelos en los que la demanda sólo se conoce en términos de probabilidades.

Modelos deterministas. Modelos en que la demanda es conocida con certeza.

Normas ISO. Normas que tratan de homogeneizar internacionalmente las normas sobre calidad, fijando los requisitos que ha de tener un sistema de calidad para que este sea efectivo y pueda ser posteriormente certificado.

Objetivos empresariales. Resultado final que la empresa espera conseguir al desarrollar las funciones de planificación, organización, gestión y control.

Outputs. Conjunto de bienes y servicios elaborados por la empresa.

Pasivo. Deudas que tiene la empresa y que han constituido las fuentes de financiación necesarias para la realización de las inversiones.

Pasivo a corto plazo. Deudas que tiene la empresa y que vencen en un plazo breve de tiempo.

Planificación. Establecimiento de objetivos y decisión sobre las estrategias y las tareas necesarias para alcanzar los objetivos.

Planificación de los recursos humanos. Determinación del perfil del personal que necesita la empresa para asegurarse de los recursos humanos necesarios.

Políticas. Declaraciones que orientan el pensamiento y la acción en la toma de decisiones.

Póliza de crédito. Cuenta corriente de la que la empresa puede disponer cuando lo desee, hasta el límite contratado.

Precio. Cantidad de dinero a cambio de la cual el vendedor de un bien transfiere una unidad del mismo al comprador.

Presupuestos. Expresión en términos monetarios de un plan. Guías específicas de actuación que señalan los pasos que han de darse para la realización de determinadas actividades.

Proceso de decisión. Proceso racional mediante el cual, analizando ciertos datos, se evalúa la conveniencia y las consecuencias de diversas propuestas y se elige una de ellas.

Proceso de producción. Proceso por el cual, mediante la aplicación de procedimientos tecnológicos, se transforman factores de producción en bienes o servicios destinados al mercado.

Producción en serie. Producción de bienes idénticas.

Productividad. Relación entre la producción de un periodo y la cantidad de recursos consumidos para alcanzarla.

Programa medioambiental. Documento que contiene la asignación de responsabilidades, los medios disponibles, las etapas y plazos para la implantación del SIGMA.

Promoción de ventas. Conjunto de actividades de corta duración, dirigidas a los distribuidores, consumidores, prescriptores que, mediante incentivos económicos o materiales o mediante la realización de actividades específicas, tratan de estimular la demanda a corto plazo o de aumentar la eficacia de los distribuidores y prescriptores.

Publicidad. Forma de comunicación de masas que tiene como objetivo transmitir información sobre un determinado producto y, sobre todo, influir en la compra y aceptación del mismo.

Ruptura de stocks. Situación producida cuando la empresa se queda sin existencias.

Segmentación de mercados. Proceso de división de los mercados en grupos de características similares.

Servicio. Productos que se elaboran y consumen simultáneamente.

Sistema de gestión medioambiental (SIGMA). Parte del sistema general de gestión de la empresa que define la política medioambiental y que incluye la estructura organizativa, las responsabilidades, los procedimientos y los recursos necesarios para llevar a cabo dicha política.

Sociedades capitalistas. Sociedades mercantiles en las que los accionistas o socios de las mismas no responden de las deudas sociales.

Sociedades personalistas. Sociedades mercantiles en las que la responsabilidad de los socios frente a terceros es ilimitada.

Stock de seguridad. Stock que mantiene la empresa para evitar las rupturas de stock.

Tasa interna de rentabilidad (TIR). Rentabilidad de una inversión que hace que el VAN de la inversión sea igual a 0.

Valor actual neto (VAN) de una inversión. Diferencia entre el valor actual de la inversión y su desembolso inicial.

Índice analítico

www.ingramcontent.com/pod-product-compliance
Lightning Source LLC
Chambersburg PA
CBHW071346090426

42738CB00012B/3036